Healing Station

치유의 정거장 I

| 고훈 지음 |

쿰란출판사

머리말

"1년만 미국에 다녀올게요." 그렇게 떠나는 아들에게 마음으로 흔쾌히 허락하지 않으셨지만 먼 길 떠나는 아들에게 하나님이 함께 하실 거라며 건강 조심하고 하나님의 음성에 민감하라는 부모님의 축복을 받고 이민자가 된 지 20년이 훌쩍 넘었습니다. 캘리포니아, 뉴욕, 알래스카 그리고 다시 뉴욕으로 돌아와 교회를 섬기고 있습니다.

"하은교회", 하나님의 은혜를 사모하고 은혜로 살아가는 뉴욕으로 흩어진 디아스포라 예배자들입니다. 목회는 성도들의 마음을 만지는 것이라지요? 그리고 교회는 사람들의 마음을 만지는 작업실이라지요? 하나님이 내 마음을 만지실 수 있도록 내어드림이 있는 곳, 그렇게 내가 치유받고, 그렇게 회복된 우리가 이웃의 마음을 만지는 것이 사명임을 아는 하나님의 자녀들이 함께 모여 섬기는 공동체.

바른 삶을 위한 힘을 얻기 위하여 예배에 집중하고, 우리 자녀들에게 믿음의 유산을 남기기 위해 언어와 행동을 조심하고, 내 삶을 통해 세상에 하나님이 보여지는 것이 기쁨이 되는 교회이고 싶습니다.

  주차장도 없고, 조용한 동네 한가운데 있는 80년이 넘은 초라하고 낡은 교회당이지만 이곳에서 이제는 한인 디아스포라가 미국의 회복을 위해 부르짖으며, 우리의 고국을 위해 울고, 세계를 품는 그런 교회입니다.

  교회에 부임하면서부터 성도들과 소통하였던 주보 칼럼을 이렇게 책으로 출간하게 되었습니다. 우리 교회의 이야기가 위로가 되고 힘이 되고자 결심하였습니다. 이 일 또한 결코 쉽지 않았습니다. 우리의 이야기가 책으로 나오기까지 헌신하였던 모든 분들을 일일이 열거할 수 없지만 모두에게 진심으로 감사를 드립니다. 그리고 하은교회 모든 가족들께 인사를 드립니다. 한가족이 되어 주심을 감사드립니다. 이런 교회에서 목회하고 있는 것이 얼마나 행복한지 모릅니다.

  끝으로 늘 같은 편이 되어준 사랑하는 아내와 이레, 하은이에게 사랑한다고 고맙다고 꼭 말하고 싶습니다.

2015년 12월 10일
뉴욕에서 고훈 목사

차례

머리말 … 2

1부 2007 하나님의 마음을 시원케 하는 교회 (슥 6:8)

새해의 첫걸음을 기도와 선교로 시작하는 교회 … 12
구역을 스튜디오로 … 14
꼭 남성들만 읽으세요! … 16
첫 스튜디오 모임 … 18
아! 이제 기도가 고프다 … 20
지금부터 주인의 심정으로 … 22
3월 20일 … 24
교육하는 교회 … 26
교회에 관하여 … 28
성전구입헌금 작정에 관하여 … 30
할렐루야! 예수님이 부활하셨습니다 … 32
작정헌금에 감사드립니다 … 34
버지니아 공대 사건을 보며 … 36
교회를 위한 비상기도 … 38
하나님의 계산법 (1) … 40
거미줄 목회 … 42
Selling Point … 44
암소 8마리 … 46
성장통 … 48
토끼와 거북이 … 50
이제는 새 옷을 갈아입고 뜁시다 … 52

부흥이여 밀려오라 … 54
40일 새벽 부흥축제를 선포합니다 … 56
하나님의 마음을 아는 하은교회 … 58
우리만의 차별화 … 60
예수 믿는 사람이 더 상처를 잘 받는 이유 … 62
부흥회를 끝내고 … 64
이름도 빛도 없이 … 66
일꾼을 세웠으면 … 68
느헤미야 프로젝트 … 70
6일 만의 기적 … 72
남은 한 달, 기도합시다 … 74
지각은 범죄입니다 … 76
말이 씨가 된다 … 78
위임 1년을 돌아보며 … 80

2부 2008 말씀과 기도로 균형잡힌 교회 (딤전 4:5)

미래가치에 투자하라 … 84
앞으로 3년이 중요합니다 … 86
사순절 Lent … 88
미래를 바꾸는 작은 일 … 90
누림과 섬김 … 92
치유의 정거장 Healing Station … 94
성역 10년을 보내며 … 96
야외예배는 교회 소풍 … 98
알래스카에 다녀옵니다 … 100

더 가진 것에 대해 기도하는 지혜 … 102
업그레이드되는 교회 … 104
가젤도 뛰고 사자도 뛰어야 산다 … 106
플래시보 효과 … 108
꺼진 불도 다시 보자 … 110
여름성경학교에 회비를 받는 이유 … 112
내 머릿속의 지우개 … 114
급한 일과 중요한 일 … 116
블랙커피의 깊이 … 118
하나님의 계산법 (2) … 120
연합 한미노회를 다녀와서 … 122
성전구입 1주년을 돌아보며 … 124
시간의 적금을 타자 … 126
산소 마스크 이론 … 128
믿음의 가문을 일으키라 … 130
울어야 산다 … 132
예수님의 기도에서 배운다 … 134
모든 일을 주님께 하듯 … 136
태풍 하나 천둥 하나 … 138
감사는 축복을 머무르게 한다 … 140
지름길이 없다 … 142

3부 2009 성령의 기름 부으심이 넘치는 교회 (시 23:5)

명품 그리스도인이 되라 … 146
피해자의 용서 … 148

이민사회에 유익이 되는 교회 … 150

건축헌금을 위한 긴급제안 … 152

Almost … 154

Four Fourteen Window … 156

원망이라는 무서운 함정 … 158

손가락, 눈, 가슴 … 160

하나님의 디자인 … 162

희망을 초청하라 … 164

동서남북과 상하좌우 … 166

특별에서 일상으로 … 168

작은 단서 … 170

노老 목사에게 배운 교훈 … 172

어머니의 이름으로 … 174

코끼리를 포기할 수 있는 마음 … 176

내 생애 마지막 한 달 … 178

행복한 목회 … 180

아! 빵집에 빵이 없다 … 182

끝이 좋은 인생 … 184

내 영혼의 나이테 … 186

사랑의 빚을 졌네요 … 188

기도의 불병거 … 190

신유의 은사 … 192

가족수양회 … 194

사모하는 만큼 열립니다 … 196

매미에게 배운다 … 198

우리 교회, 이보다 더 좋을 순 없다 … 200

2010 부흥전략 1-온전한 예배자가 되라 … 202

2010 부흥전략 2-서로 짐을 나누어 지라 … 204

젖은 신발 … 206

기다림으로 얻은 성숙 … 208
연리지의 사랑 … 210
은사로 일하라 … 212
베를린 장벽이 무너진 이유 … 214
거울효과Mirror Effect … 216
이른 비, 늦은 비, 그리고 큰비 … 218
가난한 자의 마음을 아신 예수님 … 220

4부 2010 주님의 위로를 전하는 교회 (사 40:1)

이렇게 기도해 주세요! … 224
이미지 관리와 성령의 능력 … 226
복음의 능력을 체험하라 … 228
성숙에 이르는 길 … 230
40일 교육부 방 만들기 프로젝트 … 232
뜨거움으로 일하라 … 234
속건제로서의 친교식사 … 236
기도와 무기 … 238
고난에 동참하는 축복 … 240
좋은 땅의 비밀 … 242
기도 인생 … 244
원망이 주는 마비 … 246
이런 교회 … 248
전반전을 지나 후반전으로 … 250
그래도 최 서방만 한 사람 없다 … 252
지구가 아프다 … 254

천국과 지옥 … 256
좋은 울타리 … 258
경청마음을 얻는 지혜 … 260
핵심가치 … 262
엄마의 마음 … 264
아픔으로 세워지는 공동체 … 266
자꾸 부르면 눈물 나는 이름, 하은교회 … 268
이슬 같은 은혜 … 270
가치 혁신Value Innovation … 272
가끔은 수동면도기를 사용해 보라 … 274
네 인생을 주님께 걸라 … 276
알면서도 빠지는 세 가지 함정 … 278
나그네를 대접하라 … 280
먹고 기도하고 공부하며 … 282
천국의 Password = '감사' … 284
사랑방은…… … 286
예배를 소홀히 하지 말아야 합니다 … 288
한 해의 끝자락에서 … 290

1부

2007
하나님의 마음을 시원케 하는 교회 (슥 6:8)

새해의 첫걸음을 기도와 선교로 시작하는 교회

    먼저 하나님께서 주신 새해에 사랑하는 가족들 위에 하늘 복이 가득 임하시길 축복합니다.

    우리는 2006년을 보내는 마지막 한 주간부터 새해의 첫 주간을 특별 새벽기도회로 정하여 함께 기도하였습니다. 후반기에 조금 줄어들었지만 그래도 전 교인의 40%에 달하는 숫자가 기도하는 자리를 굳게 지켰습니다. 우리는 함께 가정과 교회, 그리고 두고 온 조국과 우리가 사는 미국을 위해 기도하였습니다. 이번 기도회가 성공적으로 끝나게 된 것은 뒤에서 헌신하여 주신 분들의 땀이 있었기 때문입니다. 다른 때보다 새벽에 10분 일찍 나오는 것이 얼마나 힘든 일인데, 그것도 전철과 버스를 번갈아 타시면서 5시도 안 된 시간에 오셔서 커피를 만들어 주신 오 권사님, 그 무거운 찬양장비를 새벽마다 설치하시고 일일이 스크린으로 찬양을 준비해 주신 황 집사님 내외분, 그리고 아침마다 메뉴도 다르게 친교를 준비해 주신 여러 성도님들께 진심으로 감사를 드립니다. 날마다 마음을 같이하여 섬기기를 힘썼던 초대교회가 바로 이런 모습이 아니었나 그림이 그려집니다.

이제 우리는 한 해의 십일조를 기도로 드렸습니다. 그리고 내일부터 13명의 선교사들이 복음을 들고 알래스카로 떠납니다. 우리 교회에서 8명, 1년 전에 플러싱에서 개척된 소자선교교회에서 5명이 함께 두 달간 선교 훈련을 하였고, 이제 일주일간의 짧은 단기선교사역을 하게 됩니다. 월요일 새벽 6시에 라과디아 공항에서 모이기로 했습니다. 비행기를 두 번이나 갈아타고 오후 4시 30분에 페어뱅스에 도착해서 예수전도단 베이스에서 하루를 묵고, 다음 날 새벽에 민토라는 원주민 마을로 들어가 3일간 사역을 하고, 금요일에 다시 예수전도단 베이스로 돌아와서 토요일 새벽 비행기를 타고 뉴욕에 오면 JFK 공항에 밤 10시 33분에 도착하게 됩니다.

선교팀들은 어린이사역을 중점으로 하게 될 것입니다. 선교지에서는 어떤 일들이 어떻게 일어날지 알 수 없습니다. 우리 선교팀들이 사역을 잘 마치고 건강하게 모든 여정을 소화할 수 있도록 기도 부탁드립니다. 담임목사가 없을 때 더 많이, 더 열심히 새벽기도와 수요찬양예배, 금요기도회에 나오셔서 우리 팀들을 위해 기도 부탁드립니다. 성공적으로 사역을 마치고 주일날 뵙겠습니다.

구역을 스튜디오로

사도행전 2장 46-47절에 초대교회의 모습을 이렇게 묘사해 놓았습니다.

"날마다 마음을 같이하여 성전에 모이기를 힘쓰고 집에서 떡을 떼며 기쁨과 순전한 마음으로 음식을 먹고 하나님을 찬미하며 또 온 백성에게 칭송을 받으니 주께서 구원받는 사람을 날마다 더하게 하시니라"(행 2:46-47).

사도행전에 적혀 있는 기록이 바로 1세기 그리스도인들의 모습입니다. 그들은 교회에서 모였고, 집에서도 모였습니다. 교회에 모여서는 뜨겁게 예배를 드렸고, 집에 모여서는 교제를 나누었습니다.

저는 우리가 비록 21세기를 살아가지만 교회의 모습만큼은 초대교회의 모습을 지켜야 한다고 생각합니다. 우리 교회가 초대교회의 그 순수한 열정으로 돌아가기를 소망합니다.

먼저 교회에 모여 뜨겁게 예배드려야 합니다. 주일예배와 수요찬양예배, 그리고 할 수 있으면 새벽기도와 금요기도회에 모입시다. 그다음 가정에서 모여야 합니다. 가정에서는 위에 기록한 사도행전의 말씀처럼 음식을 나누고 하나님을 찬미하는 것입니다.

여기서 중요한 것은 마지막에 '구원받는 사람이 날마다 더해졌다'고 했습니다.

자세한 이유는 오늘 오후에 설명해 드리겠습니다. 아무튼 우리는 3개의 구역조직을 7개의 스튜디오로 재편성합니다. '스튜디오'는 성경을 공부하는 작은 방이라는 뜻인데, 지금은 그 의미가 많이 바뀐 듯합니다. 우리가 맨 처음 이민 와서 집 렌트를 찾을 때 스튜디오부터 시작하지 않았습니까? 스튜디오는 교회의 딱딱함을 없애고, 교회에 오기 부담스러워하는 이들을 먼저 우리의 가정으로 초대하기 위함입니다.

또한 우리 교회에는 가정이 함께 예배드리지 못하는 가정이 몇 있습니다. 바로 스튜디오로 초대해 만남의 기회를 갖는 것입니다. 또한 선교를 하는 전초기지가 바로 가정에서부터 시작되는 것입니다. 한마디로 스튜디오는 그레이스교회 안에 작은 가정교회라고 생각하시면 됩니다.

우리의 스튜디오를 통해서 구원받는 사람이 날마다 더해지는 초대교회의 모습이 이루어지기를 꿈꾸어 봅니다. 7개로 시작하는 스튜디오가 올해 안에 20개로 늘어나리라 확신합니다.

꼭 남성들만 읽으세요!

　우리의 영원한 모델 예수 그리스도를 다시 봅니다. 그분은 교회의 머리가 되십니다. 열심히 일하시고 밤이 새도록 기도하시면서 하나님과 영적인 교제를 쉬지 않으셨습니다. 예수님은 끊임없이 시험과 유혹을 당하셨지만 결코 죄에 빠지지 않고 성결하셨습니다. 때론 눈물을 흘리셨지만 결코 좌절하시거나 감상적이지 않고 진리 위에 굳건히 서셨습니다. 불의에는 분노하셨고, 끝까지 용서하시고 사랑하시는 분이셨습니다. 예수님은 스승이셨지만 제자들의 발을 씻기시는 겸손과 섬김을 보이셨습니다. 그리고 그분은 하나님의 본체이셨지만 하나님과 동등됨을 취하지 아니하시고 자기를 낮추시고, 죽기까지 순종하셨습니다.

　이러한 예수님의 모습을 우리의 자녀들과 아내들은 아버지로서 또 남편으로서, 그리고 진정한 남성상으로 원하고 있다는 사실을 아십니까? 보이는 아빠와 남편을 통해 보이지 않는 하나님의 임재, 즉 사랑과 공의를 체험하기를 원하고 있는 것입니다. 그레이스교회 남성들이여, 뭔가 커다란 책임감 같은 것을 느끼시지 않으십니까? 뭔가 뜨거운 것이 가슴에 흘러내리지 않으십니까?

성경 고린도전서 16장 13-14절에 보면, "깨어 믿음에 굳게 서서 남자답게 강건하라……모든 일을 사랑으로 행하라"는 말씀이 있습니다. 남자가 먼저 믿음에 굳게 서야 합니다. 그것이 강한 모습입니다. 그리고 사랑하는 모습, 즉 믿음과 사랑이 진정한 남성의 모습이라고 성경이 말씀하고 있는 것입니다.

이제 우리 그레이스교회 남자들이 먼저 남성의 자존심을 지킵시다. 그것은 먼저 자신에 대한 책임입니다. 체면문화, 일문화에서 벗어나 나 자신을 스스로 성결하게 지키는 것입니다. 그리고 가정에 대한 책임입니다. 낚시 과부, 골프 과부 만들지 말고 함께하는 가족문화를 만드는 것입니다. 그다음 교회에 대한 책임입니다. 교회 부흥에는 남성의 비율이 열쇠입니다. 남녀차별을 두는 것이 아닙니다. 성장하는 교회는 남성의 참여율이 높습니다. 교회 일을 여성에게 미루지 마시고 우리 남성들이 앞장섭시다. 그리고 사회에 대한 책임입니다. 이 책임을 다하려면 기도해야 합니다.

매달 마지막 금요일 9시에 남자들이여, 교회로 모입시다.

첫 스튜디오 모임

드디어 첫 스튜디오 모임을 갖습니다. 전혀 교회의 문화와 분위기를 모르는 사람이 교회에 적응하기란 여간 어려운 일이 아닙니다. 그것을 스튜디오에서 먼저 하는 겁니다. 초대 가정교회의 모습대로 해보는 것입니다.

7개의 스튜디오란 말은 7개의 가정교회란 말입니다. 그레이스교회라는 큰 우산 속에 7개의 작은 교회가 오늘 비로소 첫 개척예배를 드리는 것입니다. 그레이스교회는 베이사이드에 위치해 있어 꼼짝 못하지만 우리 스튜디오는 뉴욕과 뉴저지에 자유롭게 퍼져 있다는 장점이 있습니다. 또한 현재 우리는 가정이 함께 주일예배를 드릴 수 없는 가정이 있습니다. 그러나 스튜디오에서는 가족 모두가 함께할 수 있습니다.

오늘 여러분의 남편, 아내, 자녀들, 그리고 마음에 두었던 이웃들을 초대해 함께하십시오. 일단 교회가 아니라 집이라는 점, 예배가 아니라 모임이라는 점이 훨씬 부담을 줄일 것입니다. 당장 교회로 나오지 않으셔도 좋습니다. 스튜디오 모임만 참석하셔도 대환영입니다. 어느 곳에서든지 예수 그리스도를 만나고 그분을 구주로 영접하면 되는 것입니다.

이제 우리 교회는 7개의 지교회가 생겼습니다. 각 스튜디오에 7-10명이 있습니다. 지난 주일 오신 분까지 들어가면 71명입니다. 올해 20개의 스튜디오가 우리의 목표입니다. 그렇다면 7명씩만 잡아도 140명입니다. 그렇다면 적어도 100명의 출석성도, 즉 100명의 Active member가 있는 것입니다. 뉴욕의 100명은 한국교회의 1,000명에 해당합니다.

올해 우리는 부흥의 꿈을 꿉니다. 그러나 꿈으로만 끝나면 안 됩니다. 느헤미야처럼 행동해야 합니다. 속한 스튜디오에서 아름다운 교회의 모습을 회복합시다. 그리고 그곳에서 그리스도의 성품을 닮아 갑시다. 우리 모두가 한마음으로 한 목표를 향해 달려간다면 모든 어려움은 극복될 수 있습니다. 마음이 나뉘는 곳에 사탄이 틈을 탑니다. 지금은 마음을 모을 때입니다. 오늘 첫 스튜디오 모임에서 하나님의 따뜻한 사랑을 느끼시기를 기도합니다. 오늘 저는 탄자니아 스튜디오에 참석하겠습니다.

아! 이제 기도가 고프다

이런 말이 신기하게 들리십니까? 그러나 기독교는 기도의 종교라고 해도 과언이 아닙니다. 그만큼 기도는 그리스도인들에게 영혼의 호흡 같은 것입니다. 개인에게 기도가 소중한 것처럼 교회 공동체 역시 기도는 빼놓을 수 없는 공동체의 호흡입니다. 기도의 고픔, 이런 말이 문법적으로 어떨지 모르겠습니다만, 어쨌든 기도가 고픈 교회는 살아 있다는 것이 교회역사의 교훈입니다. 교회를 기도하는 환경으로 바꾸는 일, 이것이야말로 목회자들이 해야 할 큰 일입니다. 그러므로 교회는 기도의 기적을 경험하는 마당이 되는 것입니다.

특히 기도 가운데 중보의 기도는 단지 '나'의 유익을 위한 기도에서 한걸음 더 나아가 '타인'을 위한 기도라는 점에서 기도의 정수입니다. 그리스도인에게서 가장 큰 사랑의 표현은 어쩌면 중보기도의 생활화일 것입니다. 우리 그레이스교회는 그래서 하나님께서 우리 교회에 큰 부흥을 주시는가 봅니다. 새해부터 2주 특별새벽기도회로 십일조를 드리면서

부터 기도운동이 계속 이어지고 있습니다. 이 추운 날씨에도 매일 새벽 기도에 열심을 내신 분들이 계속 이어지고 있습니다. 더군다나 2주 전에는 롱아일랜드에 작은 기도원을 운영하시는 집사님 내외께서 저희 교회에 한 가족이 되고자 오셨습니다. 오늘 오후 심방 겸 또 온 교우가 참여하여서 힘도 실어 드릴 겸, 우리 교회도 기도해야 할 부분들이 많고 해서 기도원에 가려고 합니다. 오후 5시 30분에 교회에서 출발하려고 합니다. 기도원에서 저녁을 먹고 밤늦게 올라올 예정입니다. 물론 개인 기도시간도 충분히 드리겠습니다. 함께 기도합시다.

저는 한국교회가 기도 소리만큼 성장해 왔다고 봅니다. 그것은 이민교회도 예외가 될 수 없습니다. 우리 그레이스교회도 기도 소리만큼 성장합니다. 그 기도 소리는 부흥 소리입니다. 우리 교회 부흥 소리가 들리지 않으십니까? 그러면 오늘 함께 기도하러 갑시다. 기도가 무지 고픕니다.

지금부터 주인의 심정으로

지난 토요일 루터란 총회 담당자가 와서 교육관의 컨퍼런스 홀을 써도 좋다고 했습니다. 시간을 두고 하나씩 오픈하는 신중함과 또 아쉬워하는 마음도 읽을 수 있었습니다. 사실 미국교회 책임자였던 니그로Mr. Nigro는 거의 매일 교회에 와서 둘러보곤 합니다. 그러다가 마음이 불편한 것이 있으면 사무실을 노크하여 저에게 이것저것을 얘기하고 갑니다.

현재 달라진 것은 아무것도 없습니다. 총회에서 새로운 계약서를 쓰기도 원치 않고, 예전에 했던 대로 계속 가기를 원하고 있습니다. 그들의 마음을 충분히 이해합니다.

중요한 것은 우리들의 마음가짐이라 생각을 합니다. 지금부터, 오늘부터 이 교회가 우리 것이라는 마음가짐으로, 주인의식을 가지고 교회를 돌보았으면 합니다. 쓰지 않는 방이면 반드시 불도 끄고, 내 앞에 있는 쓰레기도 줍고, 이번 주처럼 눈이 오는 날이면 우리가 서로 비상연락망을 취하여 교회에 모여 눈도 치우고, 화장실이나 교회 곳곳에 고장난

곳이 있으면 우리가 알아서 고쳐 놓으면 어떨까요?

지금 미국 총회 책임자는 교회 전등 하나를 교체하더라도 청구서를 올리고 전구를 사서 존John이 교체하기까지 3주가 걸립니다. 더군다나 존은 지금 크게 다쳐서 고통 중에 있습니다. 물론 우리가 렌트비를 내고 사용하고 있는 것이지만 우리가 주인의 마음을 가지고 교회를 돌보면 하나님은 그 마음가짐만으로도 기뻐하지 않으실까 생각이 듭니다.

오늘부터 이 교회는 우리 교회입니다. 우리가 주인입니다. 주인의 마음으로 교회를 사용합시다. 꼭 책임자를 정해 놓는 것이 아니라 내가 책임자의 마음을 가지고 자주 교회에 들러서 손볼 것이 없나 살펴본다면 우리가 생각한 것보다 훨씬 빨리 하나님께서 우리에게 붙여 주시리라 믿습니다.

하나님의 계산방법은 우리의 계산방법과 다릅니다.

3월 20일

존 리트케John D. Litke라는 사람이 루터란 총회에서 현재 Good Shepherd Church를 관리하고 있는 매니저입니다. 이 사람 말이, 3월 20일에 총회에서 건축위원회가 모여 매각 여부를 결정한다고 합니다.

지금 갖가지 소식들이 난무하고 있습니다. 어떤 교회가 벌써 총회와 연락을 하여 사고 싶다는 의지를 전했다고 하고, 또 벌써 이 교회가 팔렸다는 소문도 있습니다. 사실 주중에 한두 번 부동산에서 와서 사진을 찍어 가곤 합니다.

우리가 아무리 발버둥을 쳐도 하나님이 주지 않으시면 가질 수 없고, 반면에 하나님이 우리에게 붙이신다면 어떤 외부의 힘이 가해져도 우리에게 주실 줄 믿습니다. 지금 우리에게 필요한 것은 밟는 대로 주신다는 믿음입니다. 온 성도가 성전을 밟는 것입니다.

돈이 일을 하는 것이 아니라 기도가 일을 하는 것입니다. 아말렉과 이스라엘의 싸움을 기억하십니까? 전쟁터에서 전술과 전략으로 승리한 것이 아니라 후방에서 모세의 손이 올라가 기도할 때 승리가 있었습니다. 정말 이 성전이 필요하다고 생각하신다면 우리 새벽마다 성전을 밟으며 기도합시다.

물론 기도와 무기를 동시에 들어야 합니다. 발로 서명을 하고 또 손으로도 서명을 합시다. 우리의 의지를 담은 편지를 보내려고 합니다. 우리의 서명을 담은 편지를 총회에 보내 우리에게 이 교회가 왜 필요한지를 전달하려고 합니다. 오늘 안내위원들께서 서명용지를 드리면 기도하는 마음으로 서명해 주시면 감사하겠습니다.

이 편지가 전달되고, 또 우리의 기도가 하나님의 마음을 움직이면 이 성전을 우리 손에 붙이실 줄로 믿습니다. 많은 성도들이 사순절 새벽기도축제에 함께하여 기도해 주심을 감사드립니다. 하나님의 마음을 움직이는 것은 기도밖에 없습니다. 우리의 체질이 기도로 바뀔 때 성전뿐 아니라 교회의 부흥도, 가정의 평안도 우리가 느끼지 못하는 사이에 우리 곁에 있을 것입니다.

기도하는 당신, 이 세상에서 가장 위대한 사람이고 부러운 사람입니다.

교육하는 교회

　성경 여러 곳에서 교회의 사명과 역할에 관해 말씀하고 있습니다. 답을 먼저 말씀드리면 가르침입니다. 신약성경의 모든 책마다 가르침에 대해서 언급하였고, 구약성경 역시 예외가 아닙니다. 다른 것은 모른다 하여도 마태복음 맨 끝장인 28장에서 우리 예수님께서 제자들에게 유언하신 대사명 Great Commission에 대해서는 잘 알고 계실 것입니다. "가르쳐 지키게 하라"고 말씀하셨습니다.
　교회는 가르쳐야 하는 사명을 가지고 있습니다. 누가 가르칠 수 있습니까? 먼저 배운 자가 가르칠 수 있습니다. 다행히 우리 한국사람은 배우려는 열정과 의지가 다른 민족보다 높습니다. 그런데 그 의지는 자녀들에게만 적용이 되고 정작 나 자신에게는 한없이 게으른 데 문제가 있습니다.
　여러분, 정말 우리 교회의 부흥을 원하신다면 배우는 데 시간을 투자해 주십시오. 교회가 돕겠습니다. 부흥과 함께 성숙함이 있어야 균형을 이룰 수 있습니다. 성숙함은 배우는 데 있습니다. 앞으로 우리 교회는 많은 일들을 해야 합니다. 숫자가 채워지고 재정이 채워진 다음에 하려고 하면 이미 늦습니다. 오히려 먼저 준비하는 자에게 채워질 수 있습니다. 세상이 어떻게 가고 있는지, 21세기 교회는 어떻게 그들을 구원해야 하는지, 거기에 우리 교회는 어떤 준비를 해야 하는지 배워야 합니다.

목사 혼자 배워서는 적용하기가 힘듭니다. 우리 교회의 임직자가 되시려면 적어도 1년에 한 번 이상은 다른 교회에 가서 좋은 점과 그렇지 않은 점을 배워 와야 합니다.

세계적인 도시 뉴욕에 살면서도 우리는 우물 안 개구리가 될 때가 얼마나 많은지 모릅니다. 미국교회, 한인교회, 다민족교회를 다니면서 그들의 부흥의 비결을 배워 우리 교회에 접목시킵시다. 접붙임이 있는 과일이 더 맛있습니다.

앞으로 모든 교육에 있어서 교회가 적극적인 후원을 하겠습니다. 휴가도 교육에 맞추어서 받으시고, 타 주 구경도 하시면서 머리도 식히시고 하면 좋으리라 생각됩니다. 중요한 것은 의지입니다. 시간과 물질을 배우는 데 투자하셔서 우리 교회 부흥의 충성된 일꾼이 되어 주시기를 온 성도들께 부탁을 드립니다.

교회에 관하여

지난 화요일 3월 20일에 이 교회에 관한 문제를 놓고 루터란 총회에서 회의를 하였습니다. 결론은 시장가격인 175만 불에 내놓기로 결정을 하였습니다. 그러나 그것이 우리에게만이 아닌 부동산 중개업자를 고용하여 시장에 내어놓은 것입니다. 이번 주부터 총회에서 교회 전반적인 보수공사를 할 예정이라고 합니다. 더불어 모든 서류를 정리하고 2주 후 정도면 시장에 나오게 될 것입니다.

이제 우리는 서둘러 이 문제를 극복해 나가야 하겠습니다. 일단 시급한 것은 융자를 얻는 것입니다. 몇 가지 방법이 있습니다. 첫째는, 교단에서 얻는 것입니다. 그러나 이것은 4개월이 걸리기 때문에 마냥 기다릴 수는 없습니다. 두 번째는, 은행에서 얻는 것입니다. 은행은 가격의 30%에 해당하는 현금이 있어야 융자가 가능하기에 현재 우리로서는 가능성이 없습니다. 다음은 모기지 회사를 통한 융자입니다. 이것이 비교적 이자율도 싸고 절차도 간편합니다. 일단은 모든 가능성을 열어 놓고 알아보도록 하겠습니다만, 교회를 팔 경우 우리 교회와 먼저 의논을 하겠다는 저들의 말은 결국 거짓말로 남게 될 것입니다. 저들은 이익만을 위해 교회를 시장에 내어놓았습니다. 하지만 위기는 기회라 하지 않습니까? 급한 상황일수록 원칙을 붙들어야 합니다. 기도를 놓아서는 안 됩니다. 우리 교회를 향한 하나님의 뜻을 바로 알기를 원합니다. 아마 하나님께서 우리에게 한마음 한뜻으로 해결해 나가라고 약간의 어려움을 주시는가 봅니다. 지금은 우리가 한뜻으로 힘을 모을 때입니다. 지혜를 모을 때입니다. 좋은 뜻이 있으시면 주저하지 마시고 저나 운영위원회에게 연락을 주십시오.

우리의 마음이 아픈 만큼 하나님께서도 아파하실 것입니다. 우리의 아픔을 아신 하나님께서 분명 좋은 길을 열어 놓으셨을 것입니다. 함께 기대하며 그 길을 찾읍시다.

조금만 더 교회를 위해 기도해 주시고, 조금만 더 교회를 생각하고, 조금만 더 사모함과 기대함을 갖는다면 하나님께서 우리에게 좋은 길을 열어 주시리라 믿습니다.

성전 구입 헌금 작정에 관하여

지난주에 말씀드린 대로 이 성전을 구입하는 데 시간과 재정에 있어 많은 어려움에 처해 있습니다. 루터란 총회는 이 교회를 팔기로 결정하고 준비 중에 있습니다. 아직 가격이 결정되지 않았지만 다음 주까지 미팅을 갖고 가격을 결정하기로 했다고 합니다. 다행히 우리 교회에 우선권을 준다고 했습니다. 그러나 그들이 원하는 요구조건이 있습니다. 우리 교회가 살 수 있는 능력이 있는지 보여 달라는 것입니다.

두 가지를 원하는데, 먼저 우리 교회 은행계좌에 충분한 현금이 있는가? 둘째는 모기지를 할 것이면 모기지를 얻을 수 있다는 증거를 보여주기를 원합니다. 다음 주에 가격이 결정되면 루터란 총회는 자신들의 변호사를 통해 우리 교회에 가격을 제시할 것이고, 더불어 우리 교회가 살 수 있는지 물을 것입니다.

우리에게는 약 2주, 길게는 3주의 시간이 있습니다. 그동안에 우리 은행계좌에 50만 불이라는 현금이 있어야 하고, 모기지를 얻을 수 있는 방법을 모색해야 합니다. 재정부에서는 어제 토요일에 우리 교단 총회에 융자를 얻기 위해 모든 문서를 작성하였습니다. 다음 주에 제가 노회에 가서 사인을 받고 총회에 보내도록 하겠습니다. 얼마를 줄 것이며, 시간은 또 얼마나 걸릴는지 알지 못하지만 우리가 할 수 있는 것은 모두 다 해보려고 합니다.

더불어 조금 늦은 감이 있지만 우리 모두가 힘을 합할 때란 생각이 듭니다. 오늘 주보와 함께 나누어 드린 작정헌금서를 한 주일 동안 기도하시고 기록하셔서 부활주일에 헌금함에 넣어 주시기 바랍니다. 물론 작정헌금이 당장에 현금이 되는 것은 아니지만 교단총회에서는 이 작정헌금을 크레딧으로 인정해 준다고도 합니다. 현재 우리 교회는 충분한 현금이 없어서 은행이나 융자회사는 물론 교단에서도 융자를 얻기가 힘이 듭니다. 그러나 교단총회는 우리가 작정한 헌금도 크레딧으로 인정해 준다고 하니 1년 동안 이 성전 구입을 위해서 내가 할 수 있는 헌금을 작정하여 다음 주일에 내주시면 감사하겠습니다.

여러분에게 너무 큰 부담을 드려 죄송합니다. 그러나 한 가지, 부담이 축복의 열쇠가 되지 않을까요?

할렐루야! 예수님이 부활하셨습니다

우리 기독교의 최고의 자랑이고 축제인 부활주일입니다. 이 기쁨이 우리 교회와 가정들 위에 넘치시기를 부활의 주님의 이름으로 축복합니다.

사실 부활주일을 설렘과 기쁨으로 준비하는 것이 옳은데, 성진 구입 문제와 함께 얽히면서 너무 여유 없이 준비하는 것 같아 하나님께 죄송한 마음을 감출 길이 없습니다.

부활절은 성도에게 믿음의 생동력과 승리를 맛보게 하는 환희의 절기입니다. 분주한 마음을 다 내려놓고 우리에게 선물로 주신 2007년 부활주일에 교회와 가정에 큰 승리와 화평이 있기를 축원합니다. 다시 사신 주님께서, 다시 우리 곁으로 오신 주님께서 우리 자녀들을, 사업체를, 신분의 문제를, 건강의 문제를, 그리고 이 교회를, 나아가 우리의 작은 신음까지도 모두 해결해 주시리라 믿습니다.

우리는 오늘까지 믿음으로 40일간 매일 새벽마다 이 성전을 밟았습니다. 우리 교회를 사용하셔서 다시금 이 지역에서 성령의 불길이 솟아오르기를 희망합니다. 세계 기독역사가 베이사이드에 있는 한 한인교회로부터 다시 쓰여지는 사건을 기대합니다. 사도행전 29장의 기록이 우리 교회로부터 시작되기를 꿈꿉니다.

이제 우리는 달려가야 할 길이 생겼습니다. 그리고 그 길 앞에는 푯대가 있습니다. 함께 달려갑시다. 그러다가 지쳐서 힘들어하시는 분이 있으면 업고 뜁시다. 목말라 힘들어하면 내 물을 나눠가면서 뜁시다.

우리는 이미 바다에 뛰어들었습니다. 여기에서 살 길은 힘차게 팔을 저어 헤엄쳐 가는 것입니다. 물론 우리 앞에 있는 파도는 엄청난 것입니다. 앞으로 얼마나 더 큰 파도들이 덮쳐올지도 모릅니다. 때로 물속에 있는 암초에 부딪힐 수도 있을 것입니다. 그러나 여러분, 보이지 않으십니까? 파도 뒤에 계시는 부활의 주님이! 암초를 깎으시는 부활의 주님 말입니다. 그 부활의 주님께서 우리와 함께하시기에 우리는 충분히 이 바다를 건너갈 수 있습니다. 때로는 피곤하고 힘이 들 수 있습니다. 그러나 포기하지 말고 인내함으로 우리의 경주를 다합시다.

부활의 주님께서는 십자가에 달리셨습니다. 심지어 죽음까지 맛보셨습니다. 세상은 죽음이 끝이지만 우리에게는 죽어야 다시 살 수 있는 진리가 있습니다. 부활의 주님이 우리 가정과 교회를 살리실 줄 믿습니다. 여러분의 가정 위에 부활의 소망이 가득하시기를 기도합니다.

작정헌금에 감사드립니다

제가 목회 칼럼을 쓰는 시간이 대개가 수요일, 늦어도 목요일에 써서 전상명 집사님께 보내드립니다. 오늘 역시 수요일에 이 칼럼을 쓰고 있습니다. 어제, 화요일에 건축위원장 박승영 집사님과 함께 브로커를 만났습니다. 예상대로 조금도 양보가 없습니다. 여러분이 주일날 이 목회 칼럼을 읽으실 때는 벌써 며칠이 지난 후이기 때문에 혹 업데이트 소식이 있을지 모르지만 아무튼 저들은 2백만 불이 넘는 돈을 요구하고 있고, 그것은 현 시가를 훨씬 웃도는 가격임에 틀림없습니다. 그리고 우리에게는 우선권을 가지고 있다는 장점 외에는 아무것도 없습니다. 여러 방면으로 모기지를 얻을 방법도 알아보고 있고, 지난주에는 건물 감정사를 불렀습니다. 감정보고서가 나오는 대로 교단 총회에 보낼 예정입니다.

성전 구입의 문제가 다급해진 상황에서 딱 한 주일 광고를 드리고 지난 주일 작정헌금을 하였습니다. 첫 주에 21명이 참여하여 주셨는데 무

려 9만 3천 불이 조금 넘는 금액이
었습니다. 여러분께 너무 감사했고
죄송했습니다. 여유 없고 빠듯한
이민 생활 가운데도 모두가 다 한
계를 넘어서까지 작정하여 주셨습
니다. 모르긴 몰라도 많이 망설이셨
을 것입니다. 몇 번이고 계산기를 두드리셨을 것입니다. 자동차 모기지,
가게와 집 렌트비에 각종 유지비, 거기에 교육비 등 어떻게 한 달을 지내
고 있는지 기적과 같은 삶 속에서 피를 짜내듯 성전 구입을 위해 작정
해 주신 여러 성도님들께 깊은 감사를 드립니다.

드리면 드릴수록 더 많은 것을 주시는 분은 하나님이십니다. 하나님
의 계산법은 분명 우리가 하는 셈과는 다릅니다. 여러분도 분명 들어
서 알고 계실 것입니다. 이제 우리도 실험합시다. 분명 말씀에도 "네 입
을 넓게 열라. 채우리라" 말씀하셨고, 신앙선배들과 동역자들도 이런 간
증들이 넘침을 알고 있습니다. 이제 우리도 이것을 삶 속에서 실험해 볼
때입니다. 부담이 되도록 드려 봅시다. 부담이 축복이 될 것입니다.

더군다나 다른 것도 아닌 성전 구입입니다. 내 집보다 먼저 하나님의
집을 구입하는 것입니다. 내 속사정보다 하나님의 사정을 살피는 것입
니다. 나는 내 사정을 살필 능력이 없습니다. 거기에는 무능합니다. 그러
나 하나님의 마음을 헤아리면 하나님은 나의 사정을 살필 능력이 있으
신 분이니 채워 주시리라 믿습니다. 이제는 믿음으로 승부할 때입니다.
우리 모두 하나님만을 믿는 믿음과 성전을 향한 열정으로 도전해 봅시
다. 하나님은 우리의 길을 여시는 분입니다.

버지니아 공대 사건을 보며

우리가 살아가면서 얼마나 많은 사건과 사고를 볼까요? 지난 월요일, 우리는 듣고 싶지 않고, 믿고 싶지 않은 사건을 접했습니다. 한 한인학생이 자신의 학교에서 33명을 죽이고 자신도 죽는 끔찍한 사고를 저지른 것입니다. 본의 아니게 국위선양(?)을 한 사건이 되어 버렸습니다. 전 세계가 한국을 다시 듣게 되었고, 우리는 그 사실을 부끄러워해야 했던 한 주간이었습니다.

이 사건은 분명 미국생활과 학교, 그리고 대인관계에 잘 적응하지 못한 한 학생의 우발적인 사고임에 틀림없지만 이것은 우리 모두의 책임이고, 특별히 우리 한인교회의 책임이라 생각되어 오늘 칼럼에 올리게 되었습니다.

우리가 알아야 할 것이 있습니다. 우리 같은 이민 1세는 강한 한국인으로서의 자부심이 있지만 부모를 따라온 자녀들이나 이곳에서 태어난 이민 2세들은 자신의 정체성Identity을 제일 궁금해하고 그것 때문에 얼마나 갈등을 겪는지 모릅니다. 우리는 배만 부르면 살았지만 자녀들은 그렇지 않습니다. 아이들에게는 '먹고 살면 그만이지 그게 뭐가 중요하냐'고 윽박지를 수 없습니다. 아이들에게는 그것이 심각한 고민인 것입니다.

저는 이번의 아픔을 바로 우리 그레이스교회를 향한 하나님의 외침이라고 믿고 싶습니다. 바쁜 이민의 삶에 우리의 자녀들이 우리도 모르는 사이에 희생양이 되어 가고, 병들어 가고 있었습니다. 우리 교회도 40명 가까이 되는 자식들이 있습니다. 모두가 재능이 있고 미래가 있는 아이들입니다. 재능이 있다고 해서, 똑똑하다고 해서 아픔이 없는 것이 아닙니다. 이제 우리 교회가 이 아픔을 치유하고 예방하는 교회가 되어야 합니다.

자녀를 위해 기도하는 부모가 됩시다. 자녀에게 하나님을 섬기는 법을 유산으로 물려 주는 부모가 됩시다. 자녀들에게 교회를 위해 헌신하는 모습을 보여 줍시다. 이것이 우리가 이 땅에서 복을 받는 비결이고, 자녀들이 잘되는 길입니다. 우리가 살아가면서 하루 1시간 기도하며 살 수 있는 세상이라면 우리 자녀들은 2시간은 넘게 기도해야 살 수 있는 세상입니다.

사랑하는 자식을 잃은 부모와 가족을 위해 기도하고, 조승우 가족들을 위해 기도하고, 그리고 우리 한인 이민자들을 위해 기도합시다. 세상에 빼앗긴 자식들을 찾아오는 길은 우리가 기도하는 것뿐입니다. 그리고 바른 신앙생활을 보여 주는 것입니다.

교회를 위한 비상기도

지금까지 진행되고 있는 성전 구입의 진행상황을 알려드리겠습니다.

현재 루터란 총회는 변호사와 브로커를 통해 교회를 시장에 275만 불에 내놓았습니다. 그리고 어느 한인교회가 270만 불에 사겠다고 오퍼를 넣었습니다. 아직 계약은 이루어지지 않았기에 하루에도 두세 교회씩 거의 매일 교회를 보러 오고 있습니다. 모두 한인교회입니다.

그러는 중에 21일에 총회 측 변호사에게서 편지 한 통을 받았는데, 그 내용은 우리 교회가 되도록 빠른 시일 내에 교회를 비워 주었으면 좋겠다는 것입니다. 그리고 지난 24일, 이 교회를 팔고 있는 브로커가 저희에게 연락을 주어 만나자고 했습니다. 진행되고 있는 상황을 얘기해 주면서 현재 270만 불에 거래가 들어왔는데 우리가 250만 불에 살 수 없겠냐는 것입니다. 이에 건축위원회가 모였고, 240만 불에 30%를 다운페이 하겠다는 조건을 제시했습니다. 이 조건에 브로커는 굉장히 만족했고 거의 이루어질 것 같다고는 얘기했지만 오늘 6월 1일 금요일 현재 총회 측으로부터는 아무런 연락을 받지 못한 가운데 25일자로 보낸 총회 측 팩스를 받았습니다. 그 내용은 6월 30일까지 교회를 비워 달라는 내용입니다. 먼저 우리가 알아야 할 것은 지난 15년 동안 이 교회를 쓰면서 계약서 한 장 없었기 때문에 우리는 법적 권리를 내세울 것이 하나도 없다는 것입니다.

현재 우리는 240만 불을 제시했지만 융자를 받을 수 있을지가 가장 큰 관건입니다. 물론 융자를 얻더라도 그것을 갚아나가는 것도 어렵지만 그것은 차차 해결할 문제고, 총회에서 우리의 조건을 받아들인다고 하면 우리는 먼저 75만 불이 되는 돈을 준비해야 하고, 그리고 두 번째는 융자해 줄 은행과 모기지 회사를 찾아야 합니다.

우리 앞에 큰 홍해가 놓여 있습니다. 뒤에는 공교롭게도 같은 한인교회가 적이 되어 쫓아오고 있습니다. 우리가 한마음으로 기도해야 할 때입니다. 이를 위해서 비상기도에 들어갑니다. 온 성도가 성전 구입을 위해서 기도해 주시기를 부탁드립니다. 홍해는 모세가 열리게 한 것이 아니라 온 이스라엘 백성들의 갈급한 간구에 갈라졌습니다. 우리도 한마음으로 기도할 때 이 문제가 해결되고, 우리의 홍해가 열리게 될 줄로 믿습니다. 기도합시다.

하나님의 계산법 (1)

쉬운 산수문제 하나 묻습니다. 1+1=? 답은 2입니다. 고 목사가 장난을 한다구요? 아닙니다. 사실 진짜 답은 '2,400,000'입니다. 이 답은 하나님의 계산법으로 나온 것입니다.

성경 속에 숨겨진 하나님의 축복의 문을 여는 열쇠! 그것이 바로 하나님의 계산법입니다. 후히 되어 누르고 흔들어 넘치도록 안겨 주시고 나눌수록 더 풍성해지는 하나님의 비밀입니다. 하나님께서 이 비밀을 우리 그레이스교회에 알려 주시려고 하심을 알았습니다.

지난주 우리는 변호사를 선임했습니다. 루터란 총회 측에서 우리가 제시한 240만 불에 계약을 하자고 했습니다. 이제 요단 강 하나를 건넜습니다. 이제 우리는 우리 측 변호사가 얼마나 협상을 잘 이끌어낼지 모르지만 적어도 5~10%의 계약금을 준비해야 합니다. 10%이면 24만 불입니다. 그리고 남은 20%의 다운페이, 60만 불과 은행의 융자를 확보해 놓아야 합니다. "갈수록 태산"이라는 말, 이럴 때 쓰는 말인 것 같습니다. 그런데 우리는 이 산을 충분히 오를 수 있습니다. 전도서 4장 12절에 "한 사람이면 패하겠거니와 두 사람이면 맞설 수 있나니 삼 겹 줄은 쉽게 끊어지지 아니하느니라"고 하였습니다. 바로 우리 모두가 성전을 위해 함께 기도하고 준비하기 때문입니다.

그러나 여러분 역시 많은 부담감이 있을 것입니다. 어쩌면 우리 생애에 있어서 성전을 세우는 일이 이번이 마지막일 수 있습니다. 이 일에 우리가 사용되고 있는 것입니다. 나눔이 있는 곳에 하나님도 계십니다. 우리 한 사람 한 사람의 성전을 향한 열정과 기도, 그리고 귀중한 헌금이 1+1=2가 아니라 상식을 뛰어넘는 숫자를 만들어 낼 것입니다. 그러나 이것이 신앙에 장애가 된다면 억지로 해서는 안 됩니다. 하나님께서는 마음의 중심을 보십니다.

거미줄 목회

'네트워Network'라는 말 많이 들으셨을 것입니다. 이것은 거미가 이른 아침에 거미줄을 쳐 놓고 먹이를 기다리는 생태를 일컫는 말이고, 요즈음은 인터넷이 발달하면서 우리가 살고 있는 이 시대 문화의 한 모습을 말하는 것입니다.

'주님의 날', 즉 주일은 예배의 날입니다. 그 어떤 것보다도 예배드림이 우선되어야 합니다. 그러나 이민의 삶이 우리를 자꾸만 예배 밖으로 몰아가려고 하고 있습니다. 예배 드려야 할 그 시간에 일이 생기고, 한 번 두 번 빠지다 보면 교회마저 어색해져 버리고 결국 힘들게 쌓아 올린 신앙을 한순간에 잃어버리는 일들이 있습니다. 우리 인간은 영이 있는 존재이기에 하나님께 예배드림을 잃어버리면 내 삶을 잃어버린 것과 같습니다.

그래서 저희 교회는 예배 시간을 늘려서 여러분을 시험과 유혹으로부터 보호하고자 합니다. 1부를 9시 30분에, 그리고 2부를 11시에 드립니다. 2부로 드리는 예배는 8월 첫 주일인 8월 5일부터 시행됩니다. 1부와 2부 똑같이 Full service입니다. 예배의 내용과 형식, 설교도 똑같습니다. 오후에 가게에 나가셔야 하거나 어떤 일이 있으실 때는 예배를 포기하지 마시고 1부를 드리고 가시면 됩니다. 어떤 일이 있어도 예배를 포기하시면 안 됩니다. 또한 친교식사를 담당하셨거나 교사로 봉사하시는 분은 1부 예배를 반드시 드리셔야 합니다. 특히 가르치는 일이나 봉사는 내가 채워지지 않으면 오히려 시험에 들 수 있습니다.

"주밖에는 나의 복이 없다"시 16:2는 말씀을 기억합시다. 사탄은 주 안에 있는 우리를 밖으로 끌어내려 하고 있습니다. 예배드림이 우리의 복의 근원입니다. 얼마 가지 않아 1부와 2부 예배 모두가 성전이 가득 채워질 것입니다.

Selling Point

Selling Point란 말이 있습니다. 어법에는 맞지 않는 말이지만 경제용어입니다. 기업에는 꼭 한 가지 대표적 상품이 있다는 말입니다. 예를 들어 오리온이라는 기업체는 초코파이가 대표적 상품이고, 모나미는 153볼펜, 동아제약은 박카스입니다. 방금 열거한 기업체에는 언급한 상품 외에 다른 것도 많이 있지만 사실 한 가지 상품이 전체를 먹여 살린다고 해도 과언이 아니라고 합니다. 우리도 오리온 하면 초코파이가 생각나지 다른 것은 잘 생각나지 않지 않습니까?

저는 교회도 Selling Point가 있어야 한다고 생각합니다. 우리 교회는 무엇을 대표상품(?)으로 잡아야 할까요? 저는 스튜디오를 잘 팔고 싶습니다. 스튜디오가 소문이 잘 나야 합니다. 스튜디오는 구역제도의 또 다른 이름이 아닙니다. 하나의 프로그램이 아닙니다. 바로 스튜디오에서 초대교회의 모습을 찾아보고 싶습니다.

스튜디오에 진정한 교제가 있고, 나눔이 있고, 회복이 있으며, 선교와 구제가 이루어집니다. 지금 우리가 살고 있는 문화 속에서의 교회는 초대교회의 모습은 꿈꿀 수 있지만 그렇게 하기에는 힘이 듭니다. 그렇다고 불가능한 것은 아닙니다. 아니, 우리는 꼭 초대교회를 회복하여야 합니다. 그것은 스튜디오를 통해서 가능합니다. 저는 우리 스튜디오가 그와 같은 일을 하기에 3년 정도 걸릴 거라고 생각하고 만들어 가고 있습니다.

스튜디오에 잘 참석해 주십시오. 그리고 섬김이와 교사는 맡으신 일에 최선을 다해 주십시오. 한 교회를 맡은 담임목사와 같이 섬겨 주십시오. 스튜디오가 바로 교회입니다. 그곳이 우리 교회의 Front Line전방 입니다. 그곳이 무너지면 안 됩니다. 스튜디오가 잘될 때에 우리 교회가 Well-Being 교회가 될 것입니다.

암소 8마리

남태평양의 키니와타 섬에 자니 링고라는 사람이 있었습니다. 그가 결혼을 했습니다. 이 섬에서는 결혼을 할 때 남자가 여자의 아버지에게 암소로 대가를 치르는 풍습이 있었습니다. 보통 예쁘게 생긴 여자라면 암소 4마리 정도를 주고, 조금 매력이 떨어지면 암소 3마리, 물론 기도 없이는 살 수 없는 힘든 여자라면 암소 1마리를 줄 수도 있었습니다.

그런데 자니 링고의 아내 사리타는 그리 예쁜 여자가 아니었습니다. 태평양에서는 주로 뚱뚱한 여자가 인기 있는데, 사리타는 마른데다 어깨가 구부정한 빈약한 모습이었습니다. 그런데도 자니 링고는 암소 8마리를 주었습니다. 그 때문에 그는 주변의 비웃음을 샀습니다.

세월이 흐른 후 선교사가 자니 링고의 집을 방문했습니다. 선교사는 사리타를 보는 순간 놀라지 않을 수 없었습니다. 소문과는 달리 너무나도 아름다운 모습의 여인이 서 있었기 때문입니다. 선교사는 자니 링고에게 물었습니다. "아내의 모습이 왜 소문과 이토록 다르죠?" 자니 링고는 말했습니다. "결혼 전에 여자들끼리 모여서 하는 소리를 들었습니다. 한 여자가 나는 암소 4마리에 시집왔다고 말하면, 다른 여자는 자기는 암소 5마리에 시집왔다고 자랑을 했습니다. 그러면 암소 1마리에 시집온 여자는 고개를 숙이고 말이 없었습니다. 저는 아내 사리타의 자존심을 상하게 만들 마음이 없었습니다. 그래서 자부심을 가지라고 암소 8마리를 주고 결혼한 것입니다."

자니 링고는 암소 8마리의 가치를 지닌 아내를 원했던 것입니다. 그래서 장인에게 암소 8마리를 준 것입니다. 그랬더니 부족해 보이던 아내 사리타가 암소 8마리에 걸맞은 멋진 여인으로 거듭난 것입니다.

사람은 환경에 따라서 다르게 행동합니다. 특히 자기를 가치 있게 여기고 기대하는 환경에서는 더욱 아름다운 모습으로 변화되는 것입니다. 어떤 사람은 자기 자신을 암소 4마리쯤 되는 존재로 생각합니다. 그런데 그를 암소 2마리 정도의 수준으로 대해 주면 분노합니다. 지혜로운 사람은 상대의 가치를 높이 평가해 줍니다. 암소 4마리라고 생각되는 사람에게 암소 6마리의 존재로 대우해 주면 그는 감격합니다. 그리고 그 기대와 평가에 걸맞은 존재로 변화되는 것입니다. 가치 있게 봐주는 눈, 넉넉하게 평가해 주는 따뜻한 마음이 사람을 변화시킵니다. 앞의 이야기는 비판하고 정죄하는 것을 스스로 잘난 것으로 착각하는 시대에 되새겨 볼 이야기가 아닌가 합니다.

우리 교인은 모두 암소 10마리 이상 되는 분들입니다. 서로를 위해 사랑하는 말, 위로하는 말, 따뜻한 말을 합시다.

성장통

아이들은 한 번 심하게 아픈 다음에 쑥 자란다고 하여 성장통이라 합니다. 지금 우리 교회가 성장통을 앓고 있습니다. 이민교회의 무서운 전염병이 있는데 장년 성도 100명을 넘길 때 몸살을 앓는 것입니다. 이 몸살을 목사들끼리는 '백 바이러스'라고 부릅니다. 거의 모든 교회가 100명을 눈앞에 두고 큰 아픔을 겪습니다. 이 아픔을 이겨낸 교회는 금방 200~300명 교회로 성장하는 반면 백 바이러스를 이겨내지 못하면 다시 추락하고 맙니다.

우리 교회도 장년 성도 100명이 눈앞에 와 있습니다. 지금 우리도 성장통을 앓고 있는 것 같습니다. 미리 예방주사를 맞아야 합니다. 다행히 우리 교회에는 참 좋은 예방약이 있습니다. '기도'와 '말씀'입니다.

성장통을 앓게 되면 처음 나타나는 증상들이 서운함입니다. 그런 다음 외로움이 생깁니다. 나를 몰라주는 것 같고, 내 공로가 생각이 납니다. 예전에는 그렇게 재미있고 힘든지 몰랐던 교회봉사가 짜증이 나고 하기가 싫어집니다. 더 심해지면 예배가 드리기 싫어지고 교회 가기가 싫어집니다.

이럴 때일수록 우리가 힘써 기도해야 합니다. 지금 우리 교회가 성전 구입을 앞두고, 부흥을 눈앞에 두고 새벽기도, 금요기도가 시들해지고 있습니다. 몸살이 올 것 같을 때, 얼른 약도 먹고 쉼도 있어야 합니다. 구약, 신약 드시고 기도를 통해 쉼을 얻어 이 성장통을 빨리 극복합시다.

우리 교회 부흥의 공로자는 바로 우리 한 사람 한 사람입니다. 혹 고 목사가 몰라주더라도 하나님께서는 분명 기억하십니다. 그러나 고 목사도 압니다. 그래서 여러분을 사랑하고 존경합니다. 저는 경상도 사람도 아닌데 왜 표현할 줄 모르는지 모르겠습니다. 아프지 말고 건강하셔야 합니다. 사랑합니다. 쪽!

토끼와 거북이

옛날옛날에 토끼와 거북이가 살았습니다. 토끼와 거북이는 뉴욕 동물교회에 다니고 있었습니다. 이 둘은 열심히 신앙생활을 하였습니다. 토끼는 무슨 일이든지 척척! 쉽고 빠르게 해내었지만 거북이는 열심히는 하는데 좀 느렸습니다. 거북이는 자기의 이런 모습에 너무 속상하였습니다. "토끼처럼 빨리 할 수는 없을까?"

또 거북이는 우리 동물교회 성도들은 토끼만 좋아하고 자기는 알아주지 않는다고 생각했습니다. 결국 거북이는 시험에 들고 신앙생활의 맛을 잃어 가기 시작했습니다. 영적 슬럼프에 빠져 버리고 말았던 것이지요.

이 사실을 알게 된 토끼가 거북이에게 시합을 하자고 제안을 했습니다. 전 교인 체육대회가 곧 있는데 거기서 달리기 시합을 하자는 것입니다. 거북이는 더 속상했습니다. 아니, 화가 났습니다. '또 자기 잘난 척을 하는구나, 자기를 높이려고 말도 안 되는 시합을 하자는구나' 생각했습니다. 그러나 거북이는 자존심이 상해 안 한다는 말을 못하고 결국 많은 동물교회 성도들이 보는 앞에서 토끼와 달리기 시합을 하게 되었습니다.

시작을 알리는 총소리의 신호탄보다 토끼가 더 빠른 듯했습니다. 거북이의 눈에는 토끼의 발자국도 보이지 않습니다. 한참이 흘렀습니다. 거북이가 입은 전 교인 체육대회 티셔츠가 땀 범벅이 되어 마치 비에 젖은 듯했습니다. 그런데 이상합니다. 분명히 토끼가 먼저 들어왔을 텐데 골인 테이프가 그대로 있는 것입니다. 아무튼 거북이는 그가 가지고 있는 장점인 성실함을 가지고 끝까지 뛰었습니다. 아니, 사실은 걸었다는 말이 맞는 거지요. 거의 골인 지점에 다다랐을 때 저 뒤에 토끼가 뛰어오는 것이 보였습니다. 토끼가 잠을 잤답니다. 토끼도 죽어라 뛰었지만 우승자는 거북이였지요. 거북이는 멋있게 우승 테이프를 끊었고, 상품으로 벽걸이 TV를 받았습니다. 기분이 아주 좋아졌습니다. 예전보다 더 열심히 교회 일을 하고 신앙생활도 회복되었답니다.

그런데요, 나중에 들은 이야기인데요, 토끼가 일부러 잠을 자는 척했답니다. 그래야 거북이의 자존심을 건드리지 않고 자신감을 회복시켜 줄 수 있으니까요.

사랑하는 그레이스 토끼 여러분, 우리 교회도 거북이 성도들이 있는데 자는 척해줍시다. 모두가 토끼가 되는 날까지. 사실 저도 거북이 목사랍니다.

이제는 새 옷을 갈아입고 뜁시다

　이제 모든 준비가 완료되었습니다. 우리 측 변호사와 상대 측 변호사가 클로징 날짜만 잡으면 이제 이 교회는 우리 것이 되는 것입니다. 15년 셋방살이의 종지부를 찍는 것입니다. 몇 번이고 포기하였던 일입니다. 우리 것이 아닌 줄 알았습니다. 이곳 주변의 40여 교회에 빌려 달라고 편지를 보냈습니다. 땅을 보러 다니고, 예배 장소를 찾아다녔습니다. 그러나 매일 새벽기도마다 부르짖는 기도 소리를 하나님께서는 외면하지 않으셨습니다. 매달 첫 주에 동전을 모아 드리는 손길을 귀하게 보셨습니다. 토요일마다 김치를 담가 파는 여선교회의 헌신을 눈여겨보셨습니다.

　그러나 아직 승리를 장담하기는 어렵습니다. 이제 우리는 광야의 한 모퉁이만을 돈 것입니다. 앞으로 우리가 헤쳐나가야 할 광야는 지금보다 더 험난할 것입니다. 더 타는 목마름이 있을 것이고, 더 심한 배고픔이 우리를 괴롭힐지도 모릅니다.

우리는 수개월 사이에 큰 부흥을 맛보았습니다. 이제 제2의 부흥을 기대하며 뛰어봅시다. 제2의 부흥은 전도를 통해서입니다. 전도는 사명이고 필수입니다. 올해가 가기 전 한 사람이 한 사람씩만 전도한다면 우리는 부흥이 밀려오는 것을 경험하게 될 것입니다.

자! 이제 여러분 앞에 선포합니다. 교회 이름을 바꿀 것입니다. 모두가 새 마음으로 새로운 출발선에서 함께 뛰고자 함입니다. 이제는 새 마음이 필요합니다. 새로운 다짐이 필요합니다. 여러분이 기도하면서 이름을 지으십시오. 단순히 이름만 새롭게 하는 것이 아니라 우리가 이런 교회가 되었으면 좋겠다 하는 의미와 비전이 함께 담겨 있어야 합니다. 9월 2일까지 두 주를 드립니다. 그리고 9월 3일 가족수양회에서 발표를 하고, 선택된 분께는 상을 드리도록 하겠습니다.

우리가 함께 기도하고 힘을 모아 얻은 교회, 또다시 기도하며 머리를 모아 새로운 이름으로, 한마음으로 길고 긴 마라톤을 질주하려 합니다. 여러분, 쉽게 생각하지 말아 주십시오. 여러분이 지은 교회의 새 이름이 뉴욕의 장자교회로 우뚝 설 것이며, 새로운 부흥의 역사를 쓰게 될 것입니다. 자부심을 가지고 고민하여 주십시오.

저는 벌써부터 흥분이 됩니다. 올해 송구영신예배에 가득히 채워질 성전을 생각하며 말입니다.

부흥이여 밀려오라

　이번 가족수양회 주제입니다. 지금 준비위원회는 잠을 자도, 생업 중에도 가족수양회 생각뿐입니다.
　한 교회를 섬기고 있지만 일주일에 한 번씩 만나는 우리에게는 아직 서먹함이 있습니다. 친구가 되려면 같이 먹고, 같이 자고, 같이 목욕을 하면 된다면서요? 이 세 가지를 한꺼번에 풀 수 있는 것이 이번 가족수양회입니다. 주일 점심을 같이 먹고 출발해서 수양관에서 3식을 합니다. 방별로 네댓 분씩 같이 잠을 잡니다. 그리고 수영장에서 함께 수영을 하면 같이 목욕하는 것 아니겠습니까? 그것뿐입니까? 우리는 함께 예배합니다. 목소리 높여 찬양하고 뜨겁게 기도하고 운동도 하면서 우리 교회 유아 교인에서부터 70세 교인까지 모두가 하나가 되는 뜨거움의 한 마당이 될 것입니다.
　아직 마음을 결정하지 못하셨다면 오늘 결심하시고 신청하여 주시기 바랍니다. 결코 후회 없는 시간이 될 것입니다. 여러분의 시간을 투자하십시오. 결코 아깝지 않으실 것입니다. 한번쯤 분주함을 내려놓고 자연 속에서 함께 어우러져 보내 보세요.

사랑의 인격으로 변화된 사람들이 모인 곳에 하나 됨이 있고, 겸손함과 주를 향한 예배가 있습니다. 부흥의 모습은 사도행전 2장에서 묘사한 것과 같이 "날마다 마음을 같이하여 성전에 모이기를 힘쓰고 집에서 떡을 떼며 기쁨과 순전한 마음으로 음식을 먹고 하나님을 찬미하며 또 온 백성에게 칭송을 받으니 주께서 구원받는 사람을 날마다 더하게 하시는"행 2:46~47 일입니다.

나 한 사람의 참여가 부흥이 밀려오게 합니다. 주저하지 마시고 가족 수양회에 참여하여 즐거움과 뜨거움을 함께 나눕시다.

수련회

40일 새벽 부흥축제를 선포합니다

남은 2007년은 우리 교회에 있어서 가장 중요한 시간들이고 가장 바쁜 시간들이 될 것입니다. 이제 내일이면 한 시대를 이끌어 갈 교회의 새 이름이 탄생하게 될 것입니다. 이름만 중요한 것이 아니라 이제는 이름값 하기 위해 우리가 부단히 노력해야 할 것입니다.

그 이름을 위해 10월 1일부터 LA에 있는 죠이펠로우쉽교회 박광철 목사님을 모시고 성전 구입 감사 부흥성회를 갖습니다. 이 기회를 통하여 우리 교회가 성령으로 하나 되고 뉴욕에서 영향력 있는 교회로 발돋움하게 될 것입니다.

벌써 우리 교회는 전 교인 150명을 넘어섰습니다. 청·장년 100명을 눈앞에 두고 있습니다. 이제는 교회가 조직을 갖추어야 할 때입니다. 조직력 있는 군사력은 무기가 있는 군사력보다 더 강합니다.

교회의 일꾼을 세우려 합니다. 다음 주에 공천위원을 발표하고, 공천위원들과 함께 기도하면서 부흥회를 끝내고 공동의회를 통해 교회의 집을 나누어 지고 갈 일꾼을 세우고자 합니다.

이 일은 이민교회가 가장 넘기 힘든 어려운 전쟁입니다. 그러나 하나님 앞에서 넘지 못할 산이 없고, 난공불락의 성이 없습니다. 우리가 이름도 바꾸고 새로운 마음 자세를 가지듯 일꾼을 세움에 있어서도 새롭게 하여 뉴욕에서 본을 보이고 새 역사를 이루어 가는 임직식이 되기를 원합니다.

그러려면 기도 없이는 이 일을 할 수 없습니다. 가족수양회를 다녀온 다음 날 화요일부터 부흥의 폭풍을 몰아 40일 새벽 부흥축제를 선포합니다. 부흥성회와 임직을 위해 우리 모두 함께 기도합시다. 그것이 바로 우리 교회 부흥을 위한 기도입니다.

기도하면서, 하나님께 하나씩 하나씩 물어가면서 한걸음 한걸음 뗍시다. 지금은 걸음마를 해야 합니다. 성급하게 뛰면 넘어져 다칠 수 있습니다. 우리 교회가 뛰어야 할 때가 금방 올 것입니다. 지금은 걸음마 단계입니다. 훈련하고 훈련하면 가장 중요하고 치열한 전투에 우리 교회가 특수부대의 임무를 띠고 파견이 될 것입니다.

성령의 군사들이여, 부흥의 바람을 일으킵시다. 우리 모두 함께 힘을 합하여 뉴욕의 기준이 되는 교회가 됩시다. 우리는 할 수 있습니다. 아자!!!

하나님의 마음을 아는 하은교회

드디어 우리 교회의 새 이름이 결정되었습니다. 하나님의 은혜를 사모하는 '하은교회'입니다. 뉴욕으로 제한받고 싶지 않아 앞에 '뉴욕'이란 말도 붙이지 않습니다. 영어로는 'HAEUN PRESBYTERIAN CHURCH'입니다. 아직은 어색하시겠지만 입에 붙도록 자주 사용하여 주십시오. 앞으로 한 달 동안 교회 이름을 잘못 사용하시면 벌금 1달러씩 받아 선교헌금으로 사용하겠습니다.

우리는 올 한 해 큰 은혜를 경험하였습니다. 이 성전을 주시고 큰 부흥을 허락하셨습니다. 우리는 알고 있습니다. 은혜를 받는 것보다 받은 은혜를 지켜 가는 것이 더 어렵고 힘들다는 것을······.

하은교회가 이름값 하려면,

첫째, 내가 먼저 은혜를 받아야 합니다.

누가 은혜를 받습니까? 은혜가 필요한 사람, 사모하는 사람에게 부어집니다. 하은교회 모든 성도들이 하늘로부터 쏟아지는 폭포수 같은 은혜를 받으시기를 축원합니다. 예수님께서는 똑똑한 사람을 제자로 사용하지 않으시고, 은혜를 아는 사람을 제자로 사용하셨습니다. 우리가 먼저 은혜를 바로 아는 성도가 됩시다.

둘째, 은혜를 받고 은혜를 베풀 줄 알아야 합니다.

하은교회가 이름값 하려면 은혜를 전염시켜야 합니다. 은혜를 받은 사람의 특징은 가만히 앉아 있을 수 없다는 것입니다. 우리는 하나님이 필요하고 이웃이 필요한 존재입니다. 이 두 가지를 충족시키려면 하나님께로부터 부어지는 은혜를 받아 이웃에게 부어 주는 것입니다.

"부흥이여 밀려오라, 하은교회로!"

야외예배

우리만의 차별화

40일 새벽 부흥축제가 계속되고 있습니다. 사실 말만 부흥이고 축제이지 실제 우리들의 모습은 축제의 모습이 아닙니다. 축제란 먼저 사람들이 들끓어야 하는데 그렇지가 않습니다. 우리만의 모습이 아닙니다. 뉴욕의 한인교회들이 다 그렇다고 합니다. 그렇다면 우리만이라도 달라진다면 부흥은 우리 것이 될 수 있지 않겠습니까?

그렇게 우리만의 차별화 전략 세 가지를 발표합니다.

첫째, '새벽에 벌떡, 마귀가 깜짝'

새벽에 벌떡 일어나는 것은 하루에 대한 선제 공격이고, 의욕적으로 사는 출발이기도 합니다. 알람 시계를 여러 번 나누어서 일어나는 것은 실패의 확률이 큽니다. 한 번에 벌떡 일어나야 쉽게 일어날 수 있습니다. 아마도 많은 성도들이 새벽에 승리하는 이유가 바로 이 '새벽에 벌떡'이라는 선제 공격 때문일 것이다. 새벽에 벌떡 일어나면 마귀는 깜짝 놀랍니다. 마귀를 두렵게 하는 성도가 됩시다.

둘째, '노 메이크업 새벽 얼굴'

새벽에 일찍 주를 찾는 신실한 신앙인은 얼굴이 다릅니다. 우리들의 얼굴로 충분히 뉴욕을 변화시킬 수 있습니다. 새벽에 기도하면 얼굴에 빛이 납니다. 그 빛은 저녁이 되어도 꺼지지 않습니다. 새벽에 울며 기도하는 당신의 얼굴은 화장으로 변장한 얼굴보다 아름답습니다.

셋째, '새벽의 바나나는 인삼 한 뿌리보다 좋다.'

우리 몸은 과일을 필요로 한다는 내용을 읽었습니다. 바나나 장사 아저씨의 말, "새벽의 바나나는 인삼 한 뿌리보다 좋다" 믿거나 말거나지만, 새벽기도하고 바나나 먹으면 하루가 즐거울 것 같습니다. 시간이 가면서 점점 타올라야 하는데 점점 약해지는 특새가 마음 아픕니다. 그래서 토요일에는 고 목사가 바나나 한 박스를 제공하려 합니다. 기도하고, 바나나 먹고, 영육간에 건강하고!

서로 격려하여 특새의 부흥의 불길을 이어갑시다. 토요일만이라도 전 가족 새벽기도의 전통을 만들어 갑시다. 이것이 차별화입니다.

"부흥이여 밀려오라, 하은교회로!"

예수 믿는 사람이 더 상처를 잘 받는 이유

첫째, 신자는 화해가 없다?

술자리에는 이상한 힘이 있습니다. 뭔가 큰 일을 낼 듯한데 술 한 잔 마시고는 다 없었던 일같이 풀어지곤 합니다. 반면에 예수 믿는 사람들은 참 신사적이고 온화합니다. 그러나 한 번 실망하면 좀처럼 화해가 되거나 풀어지지 않습니다. 왜 그럴까요? 신자들이 불신자보다 훨씬 더 신사적이고 양심적인 사람들이어서 그렇습니까? 신자들은 본심으로 남을 해하려는 태도를 가진 사람이 거의 없습니다. 그런데 왜 싸우고 난 다음에 화해가 되지 않는 것일까요?

둘째, 완벽한 것을 기대하기 때문

성도들이 상처를 더 깊게 받는 이유는 상대에 대해서 지나치게 높은 기대를 갖고 있기 때문입니다. 인간이 추구할 수 없는 가능성 너머의 기대를 가지고 있기 때문입니다. 술집에서는 서로에 대한 지나친 기대가 없습니다. 서로가 죄인임을 명확히 알고 있습니다. 그래서 웬만큼 잘하면, 그 잘하는 것을 보고 용서하고 풀어지는 것입니다. 그러나 성도들은 서로에 대한 기대가 예수님 수준입니다. 그래서 잘하는 것을 보는 것이 아니라 못하는 것을 봅니다. 그리고 실망스런 한 부분을 보면, 그 잔상이 좀처럼 사라지지 않는 것입니다. '신자가 저럴 수 있나?'라고 되새기며 용서하지 못하는 것입니다. 심지어 수년이 지난 문제도 해결하지 못해서 두고두고 되새기곤 합니다.

셋째, 일종의 마귀의 농간

마귀는 그럴듯한 명분을 내세우며, 서로에 대해서 완벽을 기대하게 만듭니다. 그리고 완벽하지 못한 것을 되새기게 하며, 상대의 결점을 크게 보게 합니다.

넷째, 성령이 주시는 눈

예수님께서는 제자들의 연약함을 보셨습니다. 연약함을 미리 알고 계셨습니다. 그러나 성령의 능력으로 변화될 것을 기대하고 믿으셨습니다. 그래서 연약한 베드로에게 "네가 장차 게바반석가 되리라"고 말씀하신 것입니다. 신앙의 성숙이 무엇입니까? 다른 사람에 대한 관대함이 생기는 것입니다. 똑같은 연약한 죄인이라는 인식하에 품어 주고 이해하려는 마음이 생기는 것입니다. 항상 서로를 불쌍히 여기고, 상대의 약점을 묵상하며 괴로워하는 인생이 아니라 상대의 장점 때문에 기뻐하고, 그 장점을 기반으로 연대하여 하나님의 나라를 확장하는 주님의 십자가의 군병이 되어야겠습니다.

부흥회를 끝내고

우리는 3일간의 부흥성회를 은혜롭게 마쳤습니다. 강사 목사님은 20년 넘게 이민목회를 하신 분이라 우리에게 꼭 맞는 맞춤형 말씀을 전해 주셨습니다. 많은 도전과 깨달음의 시간들이었습니다.

저는 이번 기간을 통해 두 가지를 재확인했습니다.

첫째, 하나 됨이었습니다.

모두가 각각 맡은 일에 최선을 다해 주셨습니다. 부흥회 전부터 찬양팀은 유니폼을 입고 일찍 나오셔서 악기도 음향도 점검을 철저히 해주시고, 안내는 깨끗하고 멋있는 옷을 입고 오셔서 친절하게 맞아 주시고 강사 접대도 최고로 해주셨습니다. 모두가 각자의 은사대로 보이지 않는 곳에서 최선을 다해 주심을 감사드립니다.

둘째, 역시 전도는 개인적으로 해야 하는구나 하는 것이었습니다.

예전에는 부흥성회가 불신자들에게 초점을 맞추어 이루어졌는데 이제는 개교회local church 잔치로 끝나는 아쉬움이 있습니다. 사실 조금 더 아쉬운 것은 정작 우리 교인은 많이 참여하지 못하였고, 워낙 지명도 있는 유명한 목사님이라 외부 손님이 많이 참여하였다는 것입니다.

부흥회가 전도의 기회가 되는 것은 옛날 얘기가 되어 버렸습니다. 부흥회를 통하여 나 개인이, 우리 교회가 잊고 있었던 것을 회복하고, 회개의 역사가 일어나서 다시금 마음을 가다듬는 기회로 삼고, 전도는 내가 속해 있는 사회 속에서 빛이 되고 소금이 되어 나를 통하여 또 하나의 그리스도인이 태어나도록 힘써야겠습니다.

이제부터 우리 교회가 일어서는 길은 모두가 재생산하는 길입니다. 한 사람이 한 사람씩만 전도하면 우리 교회는 가득 차게 될 것입니다. 사실 한 사람이 한 사람을 전도한다는 것이 정말 어려운 일이지만 이 어려운 일을 한번 해보지 않으시겠습니까? 나로 인해 한 사람의 그리스도인이 태어나는 것, 생각만 해도 흥분되는 일 아닙니까? 이렇게 할까요? 남자분을 전도하면 교회 밖 문 앞에 고추를 걸고, 여자분을 전도하면 숯을 걸까요?

부흥회를 준비하며 또 진행하며 알게 모르게 수고해 주신 모든 분들, 그리고 3일 동안 참여하여 주신 분들께 다시 한 번 감사를 드립니다. 그리고 은혜 받은 만큼 사탄의 시험도 크다는 사실 기억하시고 우리 긴장하며 신앙생활합시다.

이름도 빛도 없이

우리 교회는 참 복 받은 교회입니다. 감히 이렇게 말씀드리는 이유는 열왕기상 17장에 나오는 까마귀처럼 아침과 저녁에 떡과 고기를 물어다 주기 때문입니다.

성전 구입 과정에서부터 우리 교회 가족이 아닌 분인데 성전 구입을 위해 헌금을 하신 분들이 있었습니다. 쉽지 않은 일입니다. 목양사무실에 여러 가지 집기들을 준비해 주신 손길들이 있었습니다. 이번 주에는 두 분의 천사를 만났습니다. 한 분은 찬양팀의 수고를 위로해 드리고 싶다고 잘 먹여 달라고 귀한 헌금을 주셨는데, 찬양팀은 그것을 먹는 데 사용하고 싶지 않다며 찬양팀의 업그레이드를 위해 악기를 사는 데 사용하겠다 하였습니다. 주신 분께도 감사하고 받아 잘 사용하는 찬양팀에게도 감사합니다.

지난 목요일에는 교회로 큰 상자가 하나 배달되었습니다. 거기에는 손으로 쓴 작은 편지 하나와 성찬기 풀 세트가 있었습니다. 우리 교회를 다니는 사람은 아니지만 교회를 위해 무엇을 할까 고민하다 새로 시작하는 교회에 성찬기 풀 세트를 드리고 싶다고 이름도 밝히지 않고 헌물을 보내주셨습니다.

그뿐만이 아닙니다. 매주 토요일마다 천사들을 통하여 제공받는 아침은 어떤 보양식보다도 힘을 주고 기쁨을 줍니다. 주일 새벽, 한 천사는 교회와 이웃의 마당을 쓰십니다. 또 다른 천사는 토요일은 물론 시간 나시는 대로 저녁 시간에 오셔서 성전을 청소하십니다.

제가 어떻게 아느냐구요? 모르셨어요? 하나님은 몰래 카메라를 찍고 계시다는 것을? 그 몰래 카메라를 저에게 보여 주셨어요. 왜냐면 저보고 기도하라구요. 그것이 제가 해야 할 일 아닙니까!

이 아름다운 전통이 바로 우리 하은교회의 전통이 되고 색깔이 되었으면 합니다. 이 신앙을 우리 자녀들에게 유산으로 물려줍시다.

이사야 6장 2절에 천사스랍는 "각기 여섯 날개가 있어 그 둘로는 자기의 얼굴을 가리었고 그 둘로는 자기의 발을 가리었고 그 둘로는 날며"라고 했습니다. 이름도 빛도 없이 하는 섬김을 말하는 것입니다. 우리에게 여섯 날개가 있습니다. 바로 내가 천사입니다. 하나님께서는 오늘 나를 천사로 보낼 곳을 찾으십니다. 당신은 천사입니다.

일꾼을 세웠으면

우리는 지난주에 7명의 임직자를 세웠습니다. 앞으로 임직자는 임직자대로, 그리고 우리 성도들은 성도들대로 할 일들이 있습니다.

첫째로, 7명의 임직자들께서는 앞으로 13주 동안 훈련을 받으셔야 합니다. 선거에 당선이 되셨습니다. 그러나 아직 공식적으로 안수 받고 임명 받기 전까지 험난한 훈련과정이 남아 있습니다. 13주가 13년 정도로 느껴지실 것입니다. 이 과정을 무사히 마치시고 온 교인과 교단, 그리고 가족들의 축하와 격려 속에 일곱 분 모두가 은혜롭게 임직을 받을 수 있기를 바랍니다.

둘째로, 우리들도 큰 책임이 있습니다. 우리 손으로 세운 분들입니다. 유효표 54표 중 모두가 40표 이상 넘었습니다. 과반수가 아니라 3분의 2가 된 것입니다. 그렇다면 거의 모두가 인정하신 것입니다. 이제부터는 이번 임직자들이 정말 충실한 사명자가 될 수 있도록 기도해 주셔야 합니다.

지금 뉴욕에는 이름 있는 평신도 사역자가 없습니다. 우리 교회가 부흥하기 위해서는 이름 있는 평신도 사역자가 있어야 합니다. 그 이름은 나 스스로가 낼 수 없습니다. 묵묵히 맡겨진 사역을 감당할 때 모든 이들이 평가해 주는 것입니다. 임직자가 그 일을 감당하는 것은 우리 모든 하은교회 가족들이 밀어 주고, 기도해 주고, 믿어 주고, 격려해 주고, 위로해 주는 데서 시작됩니다. 우리가 세운 일꾼, 지치지 않고 시험에 빠지지 않고 하나님 보시기에 사람이 보기에 인정받은 사역자로 배출되기를 꿈꿉니다.

지금 우리 교회는 심한 감기몸살에서 벗어나지 못하고 있습니다. 먼저 목사인 제가 좋은 약을 처방해 드리지 못해 죄송합니다. 교회의 모든 문제는 저의 책임입니다. 더 기도하고 긴장하고 말씀에 집중하겠습니다.

여러분에게도 충심으로 부탁을 드립니다. 귀를 닫아야 합니다. 우리 교회는 지금 걷잡을 수 없을 정도로 좋지 않은 말들이 불이 되어 번지고 있습니다. 그러면 결국 우리 모두 죽게 됩니다. 빨리 진화하여야 합니다. 그 방법은 내 입을 닫고, 귀를 닫는 것입니다. 기도의 자리에 나아오십시오, 예배의 자리에 나아오십시오, 함께 재를 뒤집어쓰고 회개합시다. 그것이 살 길입니다.

느헤미야 프로젝트

두 달 전부터 계획하였던 느헤미야 프로젝트가 내일 시작이 됩니다. 우리가 아무리 계획을 하여도 실행하시는 분은 하나님이십니다.

이번에 실행될 일은 먼저 앞 강단이 새롭게 될 것입니다. 루터란 스타일의 폐쇄형에서 개방형Open으로 바뀔 것입니다. 이것만 바뀌어도 30명이 앉을 수 있는 공간이 생긴다고 합니다. 그렇게 되면 카펫을 새로 깔아야 합니다. 그다음, 2층 공간을 나누어 문을 달아 한쪽을 방송실로, 다른 한쪽을 유아방으로 사용하려 합니다. 아기 때문에 자꾸 밖으로 나가시는 엄마들을 위해 사용됩니다. 앞으로 아기 엄마들은 2층으로 올라가셔서 예배를 드리시면 됩니다. 그리고 조명을 환하게 바꾸려 합니다. 이것만 실행하는 데도 24,000달러의 비용이 듭니다.

지금까지 느헤미야 프로젝트 헌금은 19,700달러입니다. 어쩌면 조명을 이번에 할 수 없을지도 모릅니다. 강단에 필요한 조명은 2,000달러에 지금 가지고 있는 것으로 먼저 하고, 교회 조명은 조금 더 연구하고 헌금이 채워지면 실행하도록 하겠습니다.

당장에 필요한 것이 있습니다. 설교 강대상과 의자가 필요합니다. 우리 교회의 음향시설이 다 오래되어 마이크와 스피커가 필요합니다. 이것들은 당장에 필요한 것들입니다. 그 외에도 주일학교 학생부에서도 효과적인 교육을 위해서 필요한 것들이 있습니다.

느헤미야 프로젝트는 몇몇이 참여해서 될 일이 아닙니다. 우리 모두가 한마음이 되는 것이 필요합니다. 혼자서 무엇을 담당하실 필요도 없습니다. 물질이 있는 곳에 마음이 있습니다. 이 기회에 내가 교회의 한 부분을 담당할 수 있다면 예전보다 더 교회에 대한 애착이 갈 것입니다.

성전을 위해 우리의 땀방울을 모읍시다. 그리고 기도를 모읍시다. 일꾼 한 사람이라도 다치는 일이 없어야 합니다. 혹 이번 일로 하나님을 모르던 사람이 하나님을 만나는 일이 일어난다면 우리 교회가 좋은 일을 한 것입니다. 그러기 위해서는 기도해야 합니다. 이번 한 주간 동안 모두 새벽에 나와 이 일을 위해 집중적으로 기도합시다. 하나님이 기도하라고 계속해서 일을 주시는 것을 느낍니다. 기도 없이는 아무 일도 할 수 없습니다. 느헤미야 프로젝트는 돈보다 기도로 하는 것입니다. 내일부터 새벽기도 합시다.

6일 만의 기적

혹시 오늘 교회 들어오시다가 '다른 교회로 온 것 아닌가?' 하지 않으셨습니까?

지난 월요일부터 느헤미야 프로젝트가 실행되었습니다. 첫날 하루 종일 부수고, 버리고, 치우고 하는 일이 생각보다 많아 주일 예배를 드릴 수 있을까 걱정했는데 지금 이 글을 쓰는 금요일 아침, 모든 일이 순조롭게 진행되어 안심하며 감사의 글을 올립니다.

정말 많은 분들이 고생을 많이 하셨습니다. 일주일 동안 새벽부터 저녁까지 교회를 지키며 일하는 사람들을 감독하고, 필요한 것은 요구하고, 뿐만 아니라 일꾼이 되어 같이 일을 도와주고 곳곳의 벗겨지고 오래된 곳에 벽을 바르고 페인팅을 하고, 카펫을 위해 교회 의자를 치우고, 일하는 만큼 나오는 쓰레기 치우는 일, 일주일 동안 아침, 점심, 그리고 야식까지 메뉴를 바꾸어 가며 제공하여 주셔서 얼마나 힘이 났는지 모릅니다.

추수감사주일을 앞두고 성전이 아름답게 새 단장이 되어서 얼마나 감사한지 모르겠습니다. 다음 주일을 추수감사주일로 지키는데, 전 가족 연합예배로 드립니다. 여기에는 두 가지 의미가 있습니다.

첫째, 추수감사절은 온 가족이 함께 모이는 데 의미가 있습니다.

감사절과 절기 예배를 통해 아이들에게 어른들이 예배드리는 모습을 보여 주면서 교육하기 위함입니다. 후세들에게 바른 예배자의 모습을 유산으로 물려주어야 합니다. 보여 주는 교육만큼 큰 효과가 없습니다.

둘째, 전도하기 위함입니다.

우리 교회에도 자녀들은 교회에 다니는데 부모님은 아직 믿음생활을 하지 않는 분도 있고, 남편 또는 아내가 출석하지 않는 가정도 있습니다. 이번 추수감사예배를 활용하여 전 가족이 한자리에서 함께 예배드림으로 성전을 밟을 수 있는 좋은 기회를 마련하고자 하는 것입니다.

큰 기대를 합시다! 기대한 만큼 은혜를 부어 주시리라 믿습니다. 우리 교회로서는 이번 추수감사예배가 정말 뜻 깊은 날입니다. 성전을 주시고, 느헤미야 프로젝트를 실행하게 하시고, 일곱 분의 임직자를 세우시고 부흥케 하셨습니다. 더불어 우리 가정에도 사업체와 직장에도 감사의 제목들이 풍성하기를 기도합니다. 할렐루야!

남은 한 달, 기도합시다

　삶은 신비한 여정이고 예상치도 못한 굴곡들로 가득합니다. 우리 앞에 놓인 길은 우리 모두에게 불가사의한 것입니다. 다음 모퉁이를 지나면 어떤 일이 일어날지 아무도 모릅니다. 아름다운 계곡 속의 평탄한 길일 수도 있고, 다리가 물에 쓸려나가 그 깊은 강을 건널 방법을 찾아야 한다는 사실을 깨닫게 될 수도 있습니다. 길이 사라지거나 갑자기 세 갈래로 나뉘어 어디로 가야 할지 모르는 처지에 놓이는 것처럼 보일 수도 있습니다.

　하지만 그 길을 아는 분이 딱 한 분 계십니다. 그분께는 과거, 현재, 미래가 다 같고 어둠이 낮의 빛처럼 밝습니다. 그분께서는 우리가 가야 하는 길을 알고 계십니다. 그리고 그 길을 인도하신다고 약속하셨습니다. 그분께서는 그 약속을 지키실 것입니다.

　2007년을 이제 한 달 남겨 두었습니다. 하나님의 인도하심을 명확히 받으며 하루하루 발걸음을 옮겨 놓은 한 해였는지요? 잠언 3장 5~6절의 말씀은 다음과 같습니다.

"너는 마음을 다하여 여호와를 신뢰하고 네 명철을 의지하지 말라 너는 범사에 그를 인정하라 그리하면 네 길을 지도하시리라"(잠 3:5~6).

필립 얀시는 믿음을 이렇게 정의합니다. "믿음은 이후에 돌아봐야만 이해할 수 있는 것을 그 일들이 일어나기도 전에 믿는 것이다."

세상은 "보는 것이 믿는 것이다"라고 말하지만 하나님은 "믿는 것이 보는 것이다"라고 말씀하십니다. 우리는 믿습니다. 그러므로 봅니다. 우리는 공식을 원하지만 하나님께서는 관계를 원하십니다. 우리는 하나님과의 관계를 공식으로 만들려 합니다. 하지만 하나님은 "나를 알아라. 나와 시간을 보내고 너의 삶 모든 분야에서 나를 최우선순위에 두어라. 그러면 내가 모든 세부 사항을 책임질 것이다"라고 말씀하십니다. 이것이 삶을 바라보는 새로운 방법입니다.

다시 한 번 강조합니다. 중요한 것은 우리가 직면하고 있는 결정사항들이 아니라 하나님과의 관계입니다. 그리고 하나님과 가까워지면 가까워질수록 하나님이 그분의 방법대로 나를 인도하시기가 더 수월해집니다.

앞으로 남은 한 달, 마음먹고 기도합시다. 그리고 어떤 변화가 오는지 지켜봅시다.

지각은 범죄입니다

한국 문화의 고질적인 악습이 하나 있습니다. 그것은 지각이 하나의 문화로 정착했다는 사실입니다. '코리안 타임'입니다. 이것은 심지어 예배 시간에도 적용됩니다. 예배의 중간에 들어오고도 자신이 무엇을 잘못했는지를 알지 못합니다. 약속을 모르는 민족, 지각을 상습화하는 민족에게는 미래가 없습니다. 그러면 왜 한국문화에서 약속이 지켜지지 않고 지각을 하는 것인지 그 이유를 몇 가지로 살펴봅니다.

첫째, VIP에 대한 전통 때문입니다.

예로부터 우리나라의 전통은 아랫사람들이 모두 모여 정렬을 한 후에, 가장 높은 사람이 들어와 착석하면 모임이 시작되곤 하였습니다. 그래서 늦게 오는 사람이 높은 사람이라는 생각이 우리의 뇌리에 남아 있습니다. 지각하는 사람의 의식 속에는 '나는 결코 아랫사람이 아니다'라는 고집이 남아 있습니다. 그러나 성경은 지각생을 VIP로 여기는 것이 아니라 깨어 있지 못한 게으름뱅이로 여깁니다. 그들에게는 문이 닫히고, 눈물로 호소해도 맞아들여지지 않는 버림받은 자로 묘사됩니다^{마 25:1~13; 열 처녀 비유 참조}.

둘째, 필요한 부분에만 참석하겠다는 태도입니다.

이것은 리모컨 시대의 비극이라 할 수 있습니다. 텔레비전의 필요한 부분만 돌려 보듯이 예배도 필요한 부분만 받아들이겠다는 태도입니다. 나는 설교만 듣겠다 또는 찬양만, 심지어 축도만 받겠다는 생각으로 지각합니다. 예배를 뷔페 식사 정도로 생각하지 마십시오. 예배란 신령과 진정으로 하나님께 드리는 것입니다. 그러므로 '준비'가 필요합니다. 예배 시작 전에 기도와 찬양으로 준비함이 필요하다는 것을 기억해야 할 것입니다.

셋째, 몸에 밴 게으름 때문입니다.

특별한 생각 없이 느린 몸을 뒤척이다 보니 늦는 것입니다. 이런 사람은 비난해서는 안 됩니다. 이런 사람은 비난의 대상이 아니라 동정의 대상입니다. 불쌍히 여겨야 합니다. 온 교회가 모여 머리에 재를 뿌리며 금식기도해 주어야 할 사람입니다. 지각의 근거가 될 만한 이유는 하나도 없습니다. 지각은 잘못된 전통, 교만, 잘못된 이성의 사용, 게으름에 기인한 것입니다. 약속의 자녀답게 시간을 철저히 지키는 성도가 됩시다. 이것이 우리 하은교회의 자존심입니다.

"부지런하여 게으르지 말고 열심을 품고 주를 섬기라"(롬 12:11).

말이 씨가 된다

"입으로 들어가는 것이 사람을 더럽히는 것이 아니라, 입에서 나오는 것, 그것이 사람을 더럽힌다"(마 15:11, 표준새번역).

예수님께서 바리새파와 율법학자들과의 논쟁 시 하신 말씀입니다.

'말'을 늘려서 발음하면 '마알'이 됩니다. 이를 풀이하면 '마음의 알갱이'란 뜻이 됩니다. 말은 마음의 알갱이에서 나옵니다. 말이란 마음을 쓰는 것입니다. 말을 곱게 쓰는 사람은 마음을 곱게 쓰는 사람입니다. 반대로 말을 험하게 쓰는 사람은 마음을 험하게 쓰는 사람입니다.

한 입으로 한 것인데 어느 때는 비수를 꽂기도 하고, 또 다른 때는 같은 입으로 축복의 폭포수를 부어 주기도 합니다. 말에는 세상을 창조할 수 있는 마음의 힘이 들어 있습니다. 그래서 옛 속담에 "말 한 마디로 천 냥 빚을 갚는다"거나 "말이 씨가 된다"라고 하는가 봅니다.

말하는 것, 아무것도 아닌 것 같은데 참 어려운가 봅니다. 아기가 태어나면 이도 나고 걷기도, 뛰기도 하는데 말하는 것이 제일 느리지 않습니까? 그만큼 말이 중요하기에 오랫동안 배우는 것이 아닌가 하는 생각이 듭니다. 19개월 된 제 딸아이, 무슨 말을 하는지 모르겠지만 입을 떼는 모습만으로 저는 예뻐 죽겠습니다. 그러다가 가끔 "아빠~" 하는 한마디에 박카스 한 병 마시지 않았는데 그날의 피로가 온데간데없고, 허리디스크의 통증이 심해도 번쩍 안아 주게 됩니다. 말이라는 것, 치유의 힘도 있나 봅니다.

　말 많은 사람은 실수가 많다고 합니다. 왜 그럴까 생각해 보니 말을 할 때 보면 꼭 남을 보고 합니다. 나를 보면서 하는 경우가 없습니다. 거울의 나를 보면서 욕을 하는 사람 있을까요? 나에게 미운 말, 가시 돋친 말을 할까요?

"천사의 말을 할지라도 사랑이 없으면 소리 나는 구리와 울리는 꽹과리가 되고"(고전 13:1).

위임 1년을 돌아보며

지난 주일이 제가 하은교회에 위임 받은 지 1년이 되는 날이었습니다. 바쁘게 임직식이 진행되는 가운데 지난 1년을 돌아보게 되었습니다. 우리 모두가 열심히 달려온 한 해였습니다. 감사의 순위를 정할 수 없지만 그래도 제일 감사한 것은 성전입니다. 박 장로님과 매일 만나서 신문과 부동산 잡지를 들고 이곳저곳을 돌아다녔던 일, 한 달 안에 나가라는 편지를 받고 안절부절못했던 일, "담임목회 1년도 안 돼서 무슨 시련입니까?" 하고 하나님께 감히 따졌던 일……. 그러나 하나님은 성전도 주시고, 올해 멤버십을 받은 분만 오늘까지 남 18명, 여 23명 모두 41명이나 되었습니다. 더더욱 감사한 일은 이제 우리는 조직교회로서 당회가 생기고 안수집사님과 권사님까지 세우게 되었습니다.

짧은 1년 동안 우리는 많은 일을 해내었습니다. 그만큼 아픔도 있었습니다. 그 아픔은 아직도 제게 상처로 남아 있습니다. 그래도 좋은 교훈이 되었음은 분명합니다.

이제 우리는 2008년 문 앞에 서 있습니다. 지나온 모든 아픔과 감사가 우리 교회의 좋은 비타민이 되었음을 믿습니다. 올챙이 하은교회가 이제 뒷다리를 뻗을 때입니다. 2008년 우리 하은교회는 한층 성숙한 교회가 될 것입니다. 더 많은 아픔이 있을 것입니다. 그러나 더 큰 기쁨과 축복도 있다는 것을 잊지 말아야 합니다.

우리 함께 기대합시다. 위임 1년에 이렇게 많은 축복을 주셨는데 위임 2년에는 도대체 어떤 복들을 준비해 두셨을까? 우리 함께 그 복을 누립시다.

언젠가 드라마에서 어떤 할아버지가 할머니 손을 붙잡고 "나와 평생 살아 줘서 고마워" 하시는 말씀을 들었습니다. 그 말이 이제야 이해됩니다. 저와 함께해 주심을 감사드립니다. 하은교회와 여러분은 저의 복입니다. 그리고 제가 여러분과 하은교회의 복이 되도록 노력하겠습니다. 1년 동안 부족한 종을 위해 기도해 주시고 사랑해 주심, 진심으로 감사드립니다.

여러분의 가정과 직장, 그리고 운영하시는 사업체마다 복을 얻고, 우리 자녀들이 세계 민족 위에 뛰어나기를 기도합니다. 기쁜 성탄 되시고, 새해에 더 많은 기도의 응답이 있으시기를 기원합니다. 사랑합니다, 아주 많이요.

2부

2008
말씀과 기도로
균형잡힌 교회 (딤전 4:5)

미래가치에 투자하라

'위대한 땅'Alyeshka이라고 불렸던 경이로운 땅 알래스카는 본래 러시아가 모피 공급을 위해 확보한 땅이었습니다. 모피 무역이 시들해지자 재정 적자에 허덕이던 러시아가 미국에 그 땅을 팔겠다고 제안합니다. 당시 미국의 국무장관이었던 윌리엄 시워드는 반대여론이 팽배한 가운데 의원들을 설득하여 겨우 한 표 차이로 알래스카 매입안을 통과시킵니다.

미국은 1867년 한반도의 7배나 되는 알래스카를 단돈 720만 달러에 매입합니다. 러시아 대표단은 쓸모없는 땅을 비싼 값에 잘 팔았다며 상여금까지 톡톡히 챙긴 반면 시워드 장관은 평생 동안 비웃음의 대상이 되었습니다. 심지어 알래스카는 '시워드의 아이스박스'라며 놀림감이 되었고, 실패한 거래를 뜻하는 말로 '시워드의 어리석음'Seward's Folly이라는 신조어가 만들어지기도 했습니다.

그러나 그로부터 30년 뒤 알래스카에서 금광이 발견되고, 20세기에 엄청난 석유와 천연가스가 발견되자 모든 사람들은 그를 '꿈의 사람'이라고 부르기 시작했습니다. 알래스카는 미국의 보물이 되었고, 시워드는 미국의 영웅이 되었습니다. 알래스카에서 가장 대표적인 빙하인 '프린스 윌리엄 사운드 빙하'를 볼 수 있는 곳에 '시워드'라는 도시가 있고, 앵커리지에서 패어뱅크에 이르는 고속도로 이름이 '윌리엄 시워드 하이웨이'입니다.

그는 미래가치에 투자했던 사람입니다. 그는 '눈 속의 보물'을 사자고 다음과 같이 의회를 설득했습니다. "여러분, 나는 눈 덮인 알래스카를 바라보고 그 땅을 사자는 것이 아닙니다. 나는 그 안에 감추어진 무한한 보고를 바라보고 사자는 것입니다. 여러분, 나는 우리 세대를 위해서 그 땅을 사자는 것이 아닙니다. 나는 다음 세대를 위해서 그 땅을 사자는 것입니다."

꿈의 사람은 미래가치를 위해 현재의 가치를 희생하는 사람입니다. 낮은 가치를 심어 높은 가치를 거두는 사람이고, 작은 것을 심어 큰 것을 거두는 사람입니다. 꿈의 사람은 '심음의 법칙'을 믿습니다. 최고의 것을 거두기 위해 최고의 것을 심는 것입니다. 심고 거두는 비밀을 알기에 심는 것이 다릅니다. 꿈이 다르고, 언어가 다르고, 생각이 다릅니다. 세계적인 꿈을 꾸는 사람은 준비하는 것부터가 세계적입니다.

앞으로 3년이 중요합니다

변호사 비서였다가 항공사 회장이 된 콜린 바렛의 강연을 들은 적이 있습니다. 그녀는 최고의 비서가 되는 것이 꿈이었는데, 사우스웨스트 항공사 이사들은 그녀를 회장으로 세웠고, 그녀는 비행기 450대와 종업원 3만 2천 명을 거느린 회장이 된 것입니다.

그녀는 과거를 회고하면서 처음 3년의 힘든 과정을 털어놓았습니다. 경쟁사들의 반대 공작과 법정 싸움으로 이어지는 3년의 괴로운 시간들을 얘기했습니다. 그리고 이어서 나오는 그녀의 말이 굉장한 충격을 주었습니다. 그녀는 이렇게 말했습니다.

"만약 3년의 싸움이 없었더라면 우리는 이미 망했을 것입니다. 이 3년의 싸움을 통해 우리는 더 강해지고, 더 잘 준비하고, 더 철저히 자신을 훈련했습니다. 이런 단단한 기초를 통해 지금까지 잘 버텨 오고 있습니다."

올해부터 3년, 앞으로 승패를 정하는 결정적인 시점인 것이 분명합니다. 조직의 색깔을 분명히 하고, 조직의 체제를 구축하며, 조직의 비전과 철학을 점검하게 하는 너무도 중요한 기간, 그래서 첫 3년은 아무렇게나 보내면 안 되는 두려운 시간들이며, 동시에 새로운 일을 잘 준비하게 하는 흥분되는 시간이 분명합니다.

　예수님도 당신의 제자들을 3년 동안 양육하셨습니다. 3년 동안 양육 받은 제자들을 통하여 지금까지 교회가 세워지고 또 다른 제자들이 만들어졌습니다. 3년의 수고와 헌신이 만들어 낸 것입니다.

　앞으로의 3년이 우리 하은교회에 참으로 중요합니다. 난관이 있을 것입니다. 각오하며 3년을 섬깁시다. 그리고 3년은 죽는다 생각하고 죽읍시다. 이렇게 준비된 하은교회를 하나님께서 쓰시리라 믿습니다.

　우리를 통해 하나님의 은총이 마음껏 흘러가고 주위가 살아나는 역사를 계속 보게 될 것입니다. 우리 자녀들이 사랑하고 자랑하는 교회로 태어나기 위해 앞으로 3년을 더욱 헌신적이며 영적으로 보냅시다. 우리는 충분히 할 수 있습니다.

사순절 Lent

하나님의 교회는 예수님의 일생에 맞추어 1년의 삶을 살아갑니다. 이것을 가리켜서 교회력이라고 하는데, 교회력 중에서도 예수님의 탄생을 기다리는 대강절, 예수님께서 구체적으로 고난 당하시는 사순절, 죄와 사망을 깨뜨리시고 다시 살아나신 부활절 등은 가장 중요한 교회력 절기들이라 할 수 있습니다. 그러나 이중에서도 우리의 신앙이 가장 크게 성장하고, 예수님을 가장 많이 닮아 갈 수 있는 교회력의 꽃은 단연 '사순절'이라고 말할 수 있을 것입니다.

사순절四旬節은 넉 사四자에 열흘 순旬자를 써서 40일 동안을 예수님과 동행하며 그 고난에 깊이 동참하는 기간을 말합니다. 성경에서 40이라는 숫자는 광야 40일간의 예수님의 금식이라든지, 시내 산에서 보낸 모세의 40일, 그리고 이스라엘 백성의 40년 광야생활 등 모두 고난과 인내의 시간으로 나타나고 있습니다. 그래서 사순절은 우리도 주님의 십자가의 길 Via Dolorosa을 따라 함께 걸어가며, 그 고난을 깊이 묵상하고 동참하여, 주님의 고난이 나의 고난이 되게 함으로써 진정한 그리스도인으로 거듭나는 주님의 계절입니다.

이제 이렇게 중요한 사순절 기간을 여러분은 어떻게 보내고 계십니까? 아무런 생각 없이, 여느 때와 마찬가지로 보내 버리면 이 40일은 무의미한 시간으로 금방 지나가게 될 것입니다. 그러나 우리가 이 기간을 어떤 신앙적 목적을 가지고 의미 깊게 보낸다면, 이 기간은 우리에게 더없이 귀하고 아름다운 시간들이 될 것입니다.

예수님을 깊이 닮아 가는 40일, 새벽기도회와 같은 좋은 신앙적 습관을 가지는 40일, 내 성품을 고쳐 보는 40일, 게으름을 버리고 하나님의 성실함을 회복하는 40일, 내 아픔을 주님께 아뢰어 평안을 얻는 40일, 간절한 마음의 소원을 아뢰어 응답 받는 40일, 나의 병든 몸과 마음이 치유 받는 40일 등 우리가 정하기에 따라 이 40일은 정말 유익하고 아름다운 날들이 될 수 있는 것입니다. 이제 아름다운 목적을 두고 사순절을 시작하는 여러분에게 하나님의 은총이 함께하시기를 기원합니다.

미래를 바꾸는 작은 일

1919년 3월 1일 독립만세운동이 벌어졌습니다. 물리적으로 볼 때 많은 숫자가 아니었지요. 실제로 일제의 통치를 무력화시킬 수 있는 결과를 가져오지도 못했습니다. 많은 애국지사가 감옥에 가게 되었습니다. 그러나 그 만세운동이 씨앗이 되어서 지속적인 독립운동이 벌어졌고, 나중에는 삼일 정신이 대한민국 건국의 기초가 되었습니다. 작은 일이지만 미래에 될 일을 보여 주는 예언적 활동이 된 것입니다. 작은 것을 무시해서는 안 됩니다.

"작은 일의 날이라고 멸시하는 자가 누구냐"(슥 4:10).

100여 년 전에 최초의 선교사인 언더우드는 이렇게 기도했습니다.
"조선의 마음이 보이질 않습니다. 그리고 저희가 해야 할 일이 보이지 않습니다. 그러나 주님, 순종하겠습니다. 겸손하게 순종할 때 주께서 일을 시작하시고, 그 하시는 일을 우리의 영적인 눈으로 볼 수 있는 날이 올 줄 믿나이다……지금은 우리가 서양귀신, 양귀자라고 손가락질을 받고 있사오나 자신들과 우리 영혼이 하나임을, 하늘나라의 한 백성 한 자녀임을 알고 눈물로 기뻐할 날이 있음을 믿나이다. 학교도 없고 그저 경계와 의심과 멸시와 천대만이 가득한 곳이지만, 이곳이 머지않아 은총의 땅이 되리라는 것을 믿습니다."

언더우드 당시 조선은 절망의 땅이었습니다. 결코 부흥이 임할 땅으로는 보이지 않았습니다. 그러나 그는 믿음으로 기도를 심었습니다. 그 이후 100년이 지나지 않아 세계 역사에 남을 가장 극적인 부흥을 맞이하게 되었습니다. 기도는 작지만 그 영향은 큽니다. 기도가 미래를 바꾼 것입니다.

돌이켜봅니다. 우리 하은교회는 짧은 시간에 큰 부흥을 이루었습니다. 이 부흥은 기도의 부흥이 있을 때 시작되었습니다. 새벽기도의 부흥이 있었습니다. 5명이 10명이 되고, 올해 사순절 특별새벽기도회에는 65명이 참석하였습니다. 그러는 동안에 성전이 주어졌고 주일학교 학생들이, 청년들이 성장하였습니다.

기도가 커져야 합니다. 이제 금요기도회가 살아나야 합니다. 분주하게 뛸 뿐 열매 없는 허망한 인생에서 떠나십시오. 기도가 커지면 인생이 커집니다. 기도가 바뀌면 미래가 바뀝니다. 자, 내일부터 새 마음으로 기도합시다.

누림과 섬김

우리가 이 땅에서 사는 동안 해야 할 사명은 섬김입니다. 어떤 위치에 있든, 어떤 사람을 만나든, 무엇을 하든 이 사명은 변함이 없습니다. 부모가 자녀를, 자녀가 부모를, 주인이 종업원을, 종업원이 그 주인을 섬겨야 합니다.

내 위치가 높으면 보상심리에 의해 누리고 싶어집니다. 그때 넘어짐이 있고 시험이 있게 됩니다. 누림은 이 땅이 아니라 저 하늘나라에 가서 누리는 것입니다.

시골사람들이 도시에 처음 가면 '촌사람'이란 말을 듣습니다. 도시의 환경을 모른다는 말이지요. 시골에 살았으니 도시를 모르는 것이 당연합니다. 도시사람도 시골에 가면 똑같이 촌사람이 되는 것입니다.

문제는 우리가 죽어서 천국에 갔는데, 천국에서 촌사람 소리를 들으면 참 부끄러울 것 같습니다. 그래서 하나님께서는 우리가 천국에 가서 촌사람 소리를 듣지 않게 하시려고 이 땅에서 천국의 삶을 살아 보라고 교회를 주셨습니다. 교회는 천국의 모형입니다. 다시 말씀드리면 교회는 반드시 천국의 모습을 회복해야 합니다.

저에게 '목회 비전이 무엇이냐' 물으신다면 저는 주저함 없이 "우리 하은교회가 천국이 되는 것입니다"라고 대답합니다. 천국에는 사랑과 희락이 있고, 화평과 오래 참음이 있고, 온유함이 있고, 자비와 양선, 충성, 그리고 절제가 있습니다. 우리 교회에 이 열매들이 맺힐 때 비로소 천국이라 말할 수 있습니다.

한 번에 바다를 만들 수 없습니다. 우선 작은 강부터 만들어야 합니다. 갑자기 바다를 만드는 것은 하나님만이 가능한 일입니다. 작은 물방울 하나가 바다를 이루고, 만리장성도 돌 하나로 시작되었습니다. 처음의 '너무 작은 것'에 실망할 것 없습니다. 시작이 아무리 작고 미약해도 그 나중은 심히 창대하게 됩니다. 먼저 사랑합시다. 사랑하면 화평해지고, 사랑하면 오래 참을 수 있고, 오래 참다 보면 온유해질 것입니다. 그러다 보면 우리 하은교회는 천국이 되어 있을 것입니다.

오늘부터 한 걸음씩, Little by Little, Inch By Inch.

설 행사

치유의 정거장 Healing Station

고속버스 터미널 Bus Station

중학생 때부터 저는 부모님과 떨어져 혼자 서울에서 생활했습니다. 그래서 방학이 되면 고속버스를 타고 부모님께 갔습니다. 언제부터 나오셨는지 제가 버스에 내리기도 전에 부모님은 저를 보시고 손을 흔드십니다. 버스터미널에는 그런 만남의 기쁨이 있습니다. 방학이 끝나면 똑같은 터미널에서 헤어짐의 눈물이 있습니다. 빨리 버스에 타야 하는데 어머니께서는 밥 잘 먹으라고 우시고, 아버지는 미리 집에서 주시지 꼭 버스터미널에서 용돈을 주십니다. 그리고 먹고 싶은 것 사먹으라 하십니다.

주유소 Gas Station

운전면허를 따고 혼자서 주유소에 갔을 때, 너무 당황했습니다. 어떻게 세워야 하는지, 그리고 열어 달라는데 뭘 열어야 되는 것인지……. 그러나 두 번째는 여유 있게 말합니다. "아저씨, 만땅이요! 그리고 휴지 잊지 말고 주세요!" 기름을 가득 채우면 내 배도 가득 채워지는 것 같습니다.

교회|Healing Station

교회는 잠시 왔다 가는 정거장 같습니다. 주일 한 번 잠시 다녀가고, 한 번 더 오시는 분은 수요일 저녁에, 더 자주 오시는 분은 매일 새벽에도 오십니다. 교회는 정거장입니다. 기차 정거장에서는 삶은 달걀과 사이다를 먹고, 주유소에서는 기름을 넣지만 교회에서는 치유의 기적이 있어야 합니다. 삶의 전쟁터에서 우리는 이기든 지든 상처가 생깁니다. 얄미운 손님 때문에, 치솟는 물가 때문에, 그리고 계속 늘어만 가는 청구서Billing에, 거기다 한 번씩 주차위반 딱지Parking Ticket까지 떼는 날엔 정말이지 모든 것이 밉기만 하고, 이게 사람 사는 꼴인가 싶어 한국으로 돌아가고만 싶기도 합니다.

그래도 교회에 돌아와 딱딱한 의자에 앉아서는 하나님 앞에 너무너무 죄송하고, 잘못한 것 많은 죄인의 모습으로 앉아서 찬송에 위로를 얻고 말씀에 힘을 얻어 이번 주에는 사랑만 하면서 보낼 것 같은 새 에너지를 얻는 그런 Healing Station이 바로 우리 하은교회이기를 기도합니다. 사랑합니다.

성역 10년을 보내며

10년 전 5월 마지막 주일에 목사 안수를 받았습니다. 무슨 일이든 그 분야에서 10년을 보내면 전문가라 하는데 저는 전문가는커녕 왕초보인 것만 같습니다.

저는 종종 두 가지 감정에 매여 있습니다. 먼저 우리 하은교회 성도들이 참 불쌍하다는 마음이 들고, 그다음에는 우리 하은 가족들에게 참 감사하다는 마음이 듭니다. 가뜩이나 피곤하고 힘든 이민의 삶, 경험과 성품과 능력이 풍성한 목회자와 함께 신앙생활하면서 위로받고 은혜받고 재충전하셔야 할 텐데 오히려 더 챙겨 주어야 하고, 돌봐 주어야 하고 재충전은커녕 교회만 오면 에너지가 더 소모되는 것이 아닌가 하는 생각이 들 때면 참 불쌍하고 안되었다는 생각이 듭니다.

그럼에도 참아 주시고 웃어 주시고 열심히 봉사하시고 최선을 다해 전도하시는 것을 보면 정말 마음속 깊은 감사가 절로 나옵니다. 그것 아세요? 제가 우리 하은교회 가족 되어 주심을 얼마나 감사하고 있는지……

다듬어지지도 않은 거친 돌덩이에게 안수 주시고 부목사로 선교사로 이곳저곳에 보내셔서 배우게 하시고 보여 주시고 지켜 주신 하나님의 은혜에 감사를 드립니다. 그러나 역시 10년을 돌아보면 후회가 큽니다. 좀 더 잘할걸, 좀 더 열심히 할걸……. 10년이 지났는데도 얼마나 단단한 돌덩이인지 아직도 다듬어지지 않고 거칠기만 합니다.

제게 하은교회는 다섯 달란트입니다. 저를 보고 맡겨 주신 것이 아니라 여러분을 보고 맡겨 주신 달란트입니다. 저는 그렇게 믿습니다. 지난 10년을 거름 삼아 다섯 달란트 더 남길 수 있는 충성된 종이 되기 위해 노력하겠습니다.

안수를 받던 날, 장례식장에 오신 것처럼 착각하신 부모님이 생각납니다. 왜 그렇게 펑펑 우시는지…… 그때는 창피했는데 그 눈물이 10년을 지탱할 수 있는 힘이 되었습니다. 이제는 제가 울어야 하는데, 함께 울어 주시겠습니까? 사랑합니다!

목사님 기도

야외예배는 교회 소풍

　몇 주 동안 계속 교회소식을 통해 알려드렸듯이 다음 주일에는 야외예배로 드립니다. 오늘 특별히 이 지면을 통해서 야외예배를 한 번 더 강조 드리는 것은 야외예배는 결코 교회 소풍이 아니라는 것입니다. 소풍이라면 가도 되고 안 가도 되는 것이지만, 야외예배는 교회 안에서 드리던 예배를 1년에 한 번 교회 밖에서 드리는 차이밖에 없다는 것입니다.
　교회 안 예배는 하나님과 나 중심의 예배라면 교회 밖 예배는 성도들과 교제가 중심이 되는 예배라는 차이점이 있습니다. 같은 교회를 다니고 있지만 일주일에 한 번 만나 교제를 나누기란 참 어려운 일입니다. 거의 매번 같은 테이블에 앉아 식사를 하다 보니 다른 테이블에 앉아 식사하는 분과는 눈인사만 하지 얘기를 나눌 기회도 없고, 스튜디오나 사역 팀도 달라 사귈 기회조차 없어 서먹하였던 관계를 이번 야외예배를 기회로 삼아 같이 뛰고, 같이 먹으며 좋은 관계를 회복하는 귀중한 시간이 되었으면 합니다.

이번 야외예배를 위해 많은 분들이 열심을 다해 준비하고 있습니다. 지난주에도 말씀을 통해 나누었듯이 작은 일에 충성하는 일꾼을 통해 천국이 이루어집니다. 이번 야외예배도 보이지 않는 곳에서 열심히 수고하시는 우리 하은교회의 충성된 일꾼들에 의해 정말 좋은 예배의 시간이 되리라 믿습니다.

야외예배가 전도의 귀한 기회로 사용되기를 원합니다. 특별히 이번 야외예배는 가족들이 다 함께하는 예배였으면 좋겠습니다. 우리 교회에도 가족이 다 함께 나오지 못하고 부모와 자녀, 그리고 남편과 아내가 함께 나오지 못하고 있는 가정들이 있습니다. 이번 야외예배가 가족이 함께하는 예배가 되기를 기도하고 있습니다.

가족이 예배를 통해 하나가 되는 것은 100명이 새로 전도되는 것보다 더 큰 힘이 있다고 생각됩니다. 이번 야외예배를 통해 먼저 가족이 함께 예배에 참석하고, 또 그동안 기도만 하였지 교회로 인도하지 못하였던 이웃을 전도하고, 서먹하였던 우리끼리의 관계가 회복되는 놀라운 일들이 일어나기를 기대해 봅니다. 사랑합니다.

알래스카에 다녀옵니다

알래스카는 1867년에 러시아로부터 720만 달러를 주고 사 1959년 1월 3일에 미국 49번째 주가 된 곳입니다. 알래스카는 미국에서 큰 주인 캘리포니아, 텍사스, 그리고 몬타나 주를 합한 것과 같은 엄청난 크기의 땅입니다.

그곳에 8개 종족의 다른 인디언이 있는데 우리는 내륙지역에 사는 아따바스칸을 만나러 갑니다. 아따바스칸Athabascan은 많게는 200명, 그리고 적게는 20명 미만이 사는 마을이 약 200개가 있는데 그중 150명 정도 사는 민토Minto라는 마을에 가서 사역을 하게 됩니다.

저희는 먼저 월요일 새벽 5시 30분까지 라과디아 공항에서 만나 7시 비행기를 타고 시카고에서 앵커리지 비행기로 바꾸어 당일 알래스카 시간으로 오후 1시 30분에 도착할 예정입니다4시간 시차.

월요일에는 앵커리지에 있는 저희와 같은 교단인 제일장로교회에서 1박을 하고, 다음 날 아침에 페어뱅스로 7시간 동안 차로 이동하게 됩니다. 그곳 YWAM Base에서 1박을 하고 다음 날 아침 3시간을 더 달려 저희들의 목적지인 민토에 도착해 사역을 시작하게 됩니다.

사역의 중점은 아이들입니다. 어른들의 무지와 무책임, 그리고 무신앙이 저주로 대물림되지 않도록 힘써 사역을 준비했습니다. 부모의 사랑을 받지 못해 갈급한 아이들에게 참 아버지의 사랑을 전해 주려고 합니다.

먼저 팀원들의 건강과 안전을 위해 기도해 주세요. 아무래도 낯선 곳이기 때문입니다. 그리고 자동차로 여행시간이 길고, 시간차가 있기 때문에 육체적 피곤함이 심할 것입니다.

그리고 팀의 하나 됨을 위해서 기도해 주십시오. 먼저 우리 안에 하나 됨이 중요합니다. 사탄은 팀의 분열을 통해 사역을 망치려 할 것입니다. 모두가 인내함으로 서로를 섬길 수 있게 기도해 주십시오. 특별히 저희 교회뿐 아니라 다른 교회와 협력사역을 하기에 더더욱 하나 됨이 필요합니다. 서로를 존중하여서 모든 사역 위에 기적의 기름 부으심이 있도록 기도해 주시기 바랍니다.

자, 이제 여러분의 기도의 힘을 의지하고 떠납니다. 잘 다녀오겠습니다. 장좌형, 위혜영, 박은지, 유근영, 지예슬, 전수정, 전민경, 윤에스더, 그리고 고훈.

알래스카 선교

더 가진 것에 대해 기도하는 지혜

우리는 결핍의 문제로 고통을 당한다고 생각합니다. 부족함만 사라지면 모든 문제는 해결될 것이라 믿습니다. 돈이 없어서 문제입니다. 돈만 생기면 모든 문제는 사라질 것으로 생각합니다. 결혼을 못해서 문제입니다. 결혼만 하면 모든 문제가 해결될 것이라고 생각합니다. 과연 그렇습니까? 돈이 많은 부자는 근심이 없어야 합니다. 그러나 오히려 부자가 더 많은 근심을 안고 살아갑니다. 결혼한 많은 부부를 봅니다. 미혼 때보다 더 많은 갈등 속에서 살아가곤 합니다.

아브라함과 롯은 가난할 때는 문제가 없었습니다. 풍요로워졌습니다. 많은 양 떼가 생기게 되었습니다. 아브라함의 목자와 롯의 목자의 다툼으로 인해서 동거하는 것이 불가능해졌습니다. 넉넉함이 문제를 제거하는 것이 아니라 더 큰 문제를 만들어내는 것입니다. 신앙 인격의 준비 없는 풍요는 썩게 만듭니다. 축복과 풍요에는 독이 있기 때문입니다.

신앙인들은 대부분 없는 것을 놓고 기도합니다. 물론 하나님은 이렇게 약속하셨습니다. "구하라 그러면 주실 것이다. 찾으라 그러면 찾을 것이다. 문을 두드리라 그러면 열릴 것이다." 하나님께서는 약속하신 것을 주십니다. "너희가 얻지 못함은 구하지 아니하기 때문이라"고 말씀하셨습니다 약 4:2. 인간은 하나님의 공급 없이는 살 수 없습니다. 그래서 그런지 성도의 기도의 90%는 자기의 부족함을 채워 달라는 간구입니다. 이 기도는 진정 중요합니다. 그러나 없는 것을 위한 기도만으로는 부족합니다.

한 단계 더 깊어지려면, 더 가진 것을 놓고 기도해야 합니다. 하나님께서 주신 축복을 놓고 기도해야 합니다. 이미 누리고 있는 풍요를 놓고 기도해야 합니다. 그러지 않으면 썩습니다. 항상 자기가 가진 것이 다가 아니라는 태도가 있어야 성장할 수 있습니다.

더 가진 것은 사명으로 돌려야 썩지 않습니다. 더 가진 것이 사명입니다. 더 가진 것으로 섬김의 자리로 가야 합니다. 더 가진 것을 사명으로 연결시키면 성장이 멈추지 않습니다. 사명을 감당하는 사람의 은사와 축복은 쉽게 썩지 않을 것입니다. 인생은 처음보다 마지막이 중요합니다. 끝까지 가야 합니다. 끝까지 가기 위해서는 없는 것을 위한 기도보다 더 가진 것을 위한 기도가 훨씬 더 중요하다는 것을 명심해야 합니다.

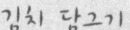

업그레이드되는 교회

지난 상반기에 우리 교회에 부어 주신 하나님의 은혜와 사랑은 말 그대로 '폭포수'였습니다. 폭포수는 위로부터 떨어지는 물이 강과 바다에 흘러가는 것이 자연의 원리입니다. '원숙함'은 '무르익음'이라고 지난 주일 함께 나누었습니다. 무르익음은 곧 썩는다는 것을 뜻합니다. 썩기 전에 무르익은 열매를 나누어야 합니다. 지난 상반기에 우리 교회에 쏟아 부어 주신 폭포수의 은혜와 사랑이 세상으로 흘러가도록 하는 것이 하반기 우리 교회 사역의 방향이라 하겠습니다. 그렇게 흘려보낼 때 하나님은 더 큰 것으로 채우시고, 우리 교회가 훨씬 성숙하고 업그레이드되리라 믿습니다.

그럼 어떻게 업그레이드를 할까요? 여기 몇 가지 우리가 해야 할 UP을 소개합니다.

1. Clean up(깨끗해야 합니다)

모든 부분에서 깨끗해야 하겠지만 오늘은 특별히 환경에 대해서 말씀드리고 싶습니다. 하나님께서 우리에게 주신 환경을 깨끗하게 하는 것이 우리의 사명입니다. 특히 성전을 깨끗하게 사용합시다.

2. Open up(마음의 문을 열어야 합니다)

모든 가능성에 마음이 열려 있어야 합니다. 이것이 긍정의 힘입니다. 부정적인 생각은 결코 성장할 수 없습니다. 긍정의 힘은 부흥의 에너지가 됩니다.

3. Listen up(남의 말을 잘 들어 주어야 합니다)

들음은 성숙의 열쇠입니다. 들을 필요 없으신 하나님도 우리의 기도를 들으십니다.

4. Shut up(가급적 말은 삼가야 합니다)

"여호와여 내 입에 파수꾼을 세우시고 내 입술의 문을 지키소서"(시 141:3).

5. Health up(건강하십시오)

건강하셔야 사명을 감당하고 충성하는 종이 될 수 있습니다.

가젤도 뛰고 사자도 뛰어야 산다

휴가 중 아이들을 위해 동물원에 갔습니다. 사슴인 줄 알았는데 아프리카에서 사는 '가젤'이란 녀석이었습니다. 가젤은 엄마로부터 태어나자마자 뛰어야 한답니다. 그렇지 않으면 기다리고 있다 덮치는 강한 동물에게 먹히고 마는 것입니다. 약한 동물의 슬픈 운명입니다.

약자의 슬픔을 가슴에 담아 생각하다가 생각의 관점을 바꾸어 보았습니다. 사실 뛰어야 하는 것은 약한 가젤뿐만 아니라 가젤을 사냥하는 사자도 열심히 달려야 하기 때문입니다. 사자도 최선을 다해서 열심히 뛰지 않으면 가젤 사냥은 불가능합니다. 가젤은 생명 걸고 뛰어야 사자에게 잡히지 않습니다. 사냥에 실패하여 굶주리고 약해진 사자는 오히려 하이에나의 공격을 받아서 먹잇감이 되곤 합니다.

사자가 되었든, 가젤이 되었든 열심히 뛰어야 합니다. 뛰지 않는 자는 죽습니다. 사자는 굶어 죽고, 가젤은 잡혀서 죽습니다.

최근 들어서 열심히 뛰자는 이야기가 사라지고 있습니다. 안주하려

하면 하이에나에게 물려 죽는 사자가 됩니다. 내적 근육을 기르고, 속도를 기르고, 날렵함을 유지하지 못하면, 덩치만 큰 공룡의 마지막을 맞이하게 됩니다. 사자도 뛰어야 삽니다.

환경 때문에 성장의 한계가 있다고 생각합니다. 상당 부분 근거 있는 이야기입니다. 그러나 생존을 위해서는 핑계가 필요한 것이 아니라 실력이 필요합니다. 가젤은 더 열심히 뛰어야 합니다. 약하니까 더 열심히 뛰어야 합니다.

아직 아이들의 교육이나 모든 면에 성장이 필요합니다. 가젤의 심정입니다. 이때에 살아남는 길은 더 많은 헌신과 더 많은 은혜, 더 많은 기도 외에는 없습니다. 가젤의 절박함이 없으면 생존이 불가능합니다. 지금 더 뛰지 않으면 죽습니다. 가젤의 죽음이 되는 것입니다.

늑대가 사냥하기에 가장 좋은 계절이 가을이라고 합니다. 먹잇감들이 가장 살이 많이 쪄서 속도가 느려지기 때문입니다. 먹고 살이 찐 것은 일종의 축복입니다. 그런데 그 축복이 오히려 자신을 죽음으로 내모는 장애가 될 수 있다는 것입니다. 축복이 독이 되지 않도록 안주해서는 안 됩니다. 언제나 속도가 줄어드는 것을 최악의 상황으로 인식해야 합니다. 최적의 속도는 적당히 먹고 일하는 것입니다. 축복을 사명으로 여기고 나누고 섬기는 것입니다.

사자도 뛰고, 가젤도 뛰는 모습을 보고 싶습니다. 그래야 삽니다. 우리도 살고 남도 살리는 하은교회가 되도록 다시 한 번 죽어라 뜁시다.

플래시보 효과

플래시보 효과Placebo Effect란 실제로는 아무 효능이나 효과도 없는 설탕 등으로 만든 가짜 약 따위를 환자에게 주면서 효과가 있다고 말하면 실제 약을 먹었을 때와 동일한 효과가 나타난다는 것입니다. 인간의 마음이 치유에 가장 큰 영향을 미치는 요소이고, 때로는 약보다 더 크게 작용한다는 점을 연구원들이 발견한 것입니다.

맞습니다. 약보다 마음이 중요합니다. 그러나 우리는 그 마음보다 더 큰 것을 가지고 있습니다. 믿음입니다. 마음보다 그 안의 믿음이 중요합니다. 간절한 마음, 굳은 믿음은 기적을 일으킵니다. 가짜 약으로도 치유를 경험하는 플래시보 효과는 그 기적의 작은 보기일 뿐입니다.

기적을 창조하는 교회가 됩시다. 물론 이것은 우리가 결심한다고 되는 것이 아닙니다. 우리의 결심은 믿음으로 기도하자는 것입니다. 우리가 믿음으로 기도하기를 결심한다면 기적을 창조하는 일은 덤으로 주실 것입니다.

몸이 아픈 성도들이 늘어날 만큼 우리 교회가 부흥하였습니다. 이것은 하나님께서 우리 하은교회에 주신 또 다른 사명입니다. 아픔을 이해하지 못하면 사랑할 수 없습니다. 교회가 사랑을 외치면서 아파하는 사람과 함께 아파할 수 없다면 교회가 사명을 잃은 것이라 생각합니다.

아픈 사람을 위해 기도한다면, 그 아픔이 내게 전해질 때까지 기도해야 합니다. 바로 그때 치유의 기적이 임합니다. 교회는 기도 소리만큼 부흥합니다. 부르짖음이 있어야 합니다. 완악한 백성 이스라엘을 위해 홍해를 여신 하나님께서 우리 앞에 놓인 다른 홍해를 열지 않으시겠습니까? 우리 함께 기도합시다. 우리 앞에 놓인 홍해를 열어 주시리라 믿습니다.

기적을 창조하는 일이 우리의 기도 소리에 달려 있습니다. 우리의 나태함과 믿음 없음으로 기도가 막히는 어리석음을 범하지 맙시다. 시험해 보시기 바랍니다. 기도가 어떤 힘이 있는지. 교회는 바로 실험소입니다. 우리의 기도가 어떤 기적을 창조하는지 경험하기 위해 실험소로 모두 나오십시오.

꺼진 불도 다시 보자

이번 주는 사고가 많은 주간이었습니다. 교회에 불이 나고, 번개로 인해 인쇄소가 전소되고, 아파트에서 불이 나 사람이 상하였고, 우리 고국은 물난리로 가족을 잃고, 재산을 잃었습니다.

먼저 어려움에 처한 교회와 이웃들, 그리고 우리의 고국이 속히 일어설 수 있기를 기도하며 하나님의 위로와 평강이 그곳에 가득 임하기를 기원합니다.

더불어 하나님께서 우리 교회와 가정들을 재난 속에서 지키시고 보호하여 주심을 감사드립니다. "그가 너를 그의 깃으로 덮으시리니 네가 그의 날개 아래에 피하리로다 그의 진실함은 방패와 손 방패가 되시나니"시 91:4라는 말씀이 더 큰 은혜가 되는 한 주간이었습니다.

하나님의 교회가 어려움을 당하면 사탄은 그것을 조롱거리로 삼아 더욱 큰 기세로 덤벼듭니다. 우리는 이런 틈을 주어서는 안 되겠습니다. 특별히 부흥하고 있을 때 더더욱 긴장하며 조심해야 할 것입니다.

우리 교회는 80년이나 된 건물입니다. 전기시설들이 너무 오래되고 위험합니다. 화재의 위험이 굉장히 높습니다. 우리 모두가 주의하고 또 주의하여야 합니다. 특별히 방송사역팀과 찬양사역팀은 연습과 예배가 끝나면 모든 플러그를 완전히 뽑아 주십시오. 그리고 주일학교와 학생부는 선생님들께서 더 많은 신경을 써 주셔야 합니다.

우리의 무관심과 작은 실수로 하나님께서 주신 것을 잃어버리는 죄를 범해서는 안 되겠습니다. 위험한 것이 보이면 즉각 장로님들께 말씀해 주십시오.

"주의 장막이 어찌 그리 사랑스러운지요." 지난 주일 함께 나눈 시편 84편의 내용입니다. 성전을 통해 하나님의 크신 복이 우리 하은 가족들에게 충만히 흘러가기를 축원합니다. 할렐루야!

여름성경학교에 회비를 받는 이유

이번 주 금요일부터 시작하여 3주 동안 어린이 여름성경학교와 학생부SAEM, 그리고 청년부StandUp 수련회가 교회와 포코노에서 각각 열리게 됩니다. 여름축제가 열리는 듯싶습니다. 이번 여름 축제 기간 동안 우리 아이들의 신앙 기초가 든든히 다져지기를 기대하고 기도합니다.

이번 교회행사에 어린이는 20달러, 학생은 50달러, 청년은 70달러의 회비가 각각 있습니다. 교회가 돈을 받는 이유는, 먼저 재정적 원활화를 위해서입니다. 모든 살림살이가 그렇듯이 교회 살림도 그리 넉넉한 편이 아닙니다. 물론 행사를 위한 예산은 이미 세워졌습니다. 그러나 올해 우리 교회는 예상 이상으로 크게 부흥하였습니다. 그것은 교육부도 마찬가지입니다. 풍족하고, 잘 가르치고 싶습니다. 그만큼 또 재정이 필요합니다. 그래서 예산의 부족 부분을 채우려는 것입니다.

다른 하나는 교육적 원활화를 위해서입니다. 저는 교회의 여름행사가 마치 마트의 무료 시식 코너처럼 전락하는 것이 너무너무 싫습니다.

이 교회 저 교회 여름행사를 돌아다니며 베이비시터 식으로 생각하는 것을 원치 않습니다. 교회의 자존심을 지키고 교육의 질을 높이고 싶습니다. 물론 제가 그런 마음을 먹는다고 하루아침에 최고의 교육을 할 수는 없습니다. 그러나 지금부터 우리가 노력하고 개선한다면 충분히 되는 일입니다.

자녀를 위해 투자해 주십시오. 투자는 미래를 보고 현재의 손해를 감내하는 것입니다. 그러나 그것은 이익을 남기지 결코 손해가 되는 것은 아닙니다. 지금 미래를 결정하십시오. 우리 자녀들의 인생을 창대하게 변화시킬 결단을 하십시오. 자녀가 이미 장성했거나 아직 없으시더라도 교회의 미래를 위해 여러분도 투자해 주십시오.

교회도 세워진 예산만큼만 쓰지 않습니다. 아끼지 않고, 단 낭비하지 않고 교육을 위해서라면 풍족히 쓰겠습니다. 자녀가 둘 이상이면 할인 개념이 아닌 장학금 개념으로 도와드리겠습니다. 그러나 어려운데 억지로 강요하는 것은 결코 아닙니다. 부담이 되는 것은 결코 원치 않습니다. 기쁜 마음으로 안전한 투자를 요청하는 것입니다. 우리 교회는 충분히 여름 사역을 감당할 재정이 준비되어 있습니다. 선생님들도 자신들의 시간을 헌신하셨습니다. 선생님들의 시간과 아이들의 열심과 부모님들의 투자를 합하여 또 한 번의 역사와 아름다운 전통을 만들어 가고 싶습니다.

내 머릿속의 지우개

아침에 출근 준비에 정신이 없습니다. 5층 아파트에서 내려와 자동차 시동을 거는데 깜빡 잊은 것이 있습니다. 전화를 해도 받지 않고, 하는 수 없이 다시 들어갑니다. 아침시간이라 엘리베이터도 층마다 다 서네요. 계단으로 급히 올라가 잊은 물건 챙겨 내려왔는데, 이런! 이번에는 자동차 키를 놓고 왔습니다. 두 번이나 오르락내리락해서 힘이 없습니다. 요즘 들어 자꾸만 잊어버리는 망각증에 화가 납니다. 하루 종일 일도 되지 않습니다.

날씨 탓인지, 나이 탓인지 요즘 자꾸만 잊어버리는 일 때문에 속상합니다. 그런데요, 사실은 누구 탓도 아닌 하나님 탓입니다. 잊어버리는 것이 하나님의 은혜입니다. 우리는 잊지 않으면 울화통이 터져 죽게 됩니다. 어제를 잊을 수 있기 때문에 오늘을 살 수 있습니다. 어제 운전하다 위험했던 순간을 잊지 못한다면 오늘 출근하기 위해 운전대를 다시 잡지 못합니다. 내 마음 몰라 주며 가슴을 후벼파는 말 한마디에 속상해서 펑펑 울었지만 지금 내 옆에 잠들어 있는 남편아내을 미워할 수 없는 것은, 아직까지 여운은 남아 있지만 그때 그 살벌했던 감정이 잊혀졌기 때문입니다.

믿음은 지우개입니다. 왜 영적 침체가 찾아옵니까? 빨리 잊지 못하고 속상함과 분노가 오래갈 때 기도가 막히고 내 영혼에 어두움이 밀려옵니다. 그러나 믿음의 지우개로 빨리 잊어버리고 일어서는 것이 축복 중의 축복입니다.

요셉은 형들에게 받은 괴로움을 잊어버렸습니다. 하나님께서는 두 배의 축복을 주셨습니다. 우울증은 암보다도 치료하기 힘들다고 합니다. 하나님은 우리에게 "항상 기뻐하라. 쉬지 말고 기도하라. 범사에 감사하라"고 말씀하십니다. 그러면 죽을 지경에서도 소망을 품을 수 있기 때문입니다. 그리고 나보다 더 어려운 이웃을 위해 희생하고 섬기는 자리에 나아가면 감사의 눈물이 터져나올 것입니다.

하나님께서 나의 죄를 잊으셨습니다. 나도 아픔을 잊고, 상처를 잊고 예배와 기도를 회복하는 신실한 성도가 됩시다.

급한 일과 중요한 일

　한 아버지가 시집가서 아기를 낳아 기르고 있는 딸과 대화를 나누었습니다. 딸이 친정아버지에게 토로합니다. "아버지, 너무 속상해요. 아버지, 제가 이 아기를 얼마나 사랑하는지 아시지요? 그렇지만 이 아이는 제 시간을 몽땅 빼앗아 가고 있어요. 다른 급한 일들이 많은데 이 아이가 제 시간을 몽땅 빼앗아 가고 있어요." 평소에 유능하고 똑똑한 딸의 실력을 잘 아는 아버지는 딸의 좌절감이 큰 것을 짐작하고는 이렇게 말을 이어갔습니다.

　"다른 생각을 하지 마라. 지금 네가 해야 할 일 중에 가장 소중한 일을 해라. 그 일이 무엇이겠니? 아기를 건강하게 잘 키우고 아기와 함께 즐겁게 지내는 것 아니겠니? 시간관리를 하려 들지 마라. 캘린더Calendar도 잊어버려라. 지금 너의 인생에서 가장 소중한 일인 아이를 기르는 일에 열중하여라. 네 내면의 나침반을 따르고, 벽에 걸린 시계에 얽매이지 마라."

우리는 자신의 인생에서 가장 중요한 일과 실제로 하고 있는 일 사이의 차이점을 잊고 살 때가 있습니다. 급한 일이란 생각에 매여 그 일들을 뒤치다꺼리하며 지내느라 정작 중요한 일을 미룬 채로 살아갑니다. 이런 실수는 더 많은 일을 더 빨리 해야 한다는 강박관념으로 해결되지 않습니다.

지금 우리는 '급한 일'과 '중요한 일' 두 가지 사이에서 어느 쪽으로 인생을 투자할 것인지를 결단하여야 합니다. 급한 일이 꼭 중요한 일은 아닙니다. 사탄은 우리의 마음을 급하고 분주하게 만들어 정작 해야 할 중요한 일들을 놓치게 만듭니다. 하나님과의 만남의 시간, 이것은 참 중요한 일이라는 생각이 듭니다. 급한 일 때문에 새벽과 수요일, 그리고 금요 기도회, 심지어 주일예배까지 미룬다면 하나님께서도 우리를 향한 축복을 미루지 않으실까요? 가장 먼저 해야 할 중요한 일, 그것은 예배입니다.

블랙커피의 깊이

저는 커피를 참 좋아합니다. 그러니 많이 마시게 됩니다. 원래 설탕도 프림도 넣어서 마시다가 그것이 건강에 좋지 않다는 것을 느끼게 되었습니다. 그래서 그냥 쓴 커피를 마시기로 했습니다. 처음에는 입맛이 썼지만 계속 몇 달을 마시니까 그 쓴맛이 오히려 좋아지기 시작했습니다. 지금은 쓴맛 자체를 즐기게 되었습니다.

제가 커피를 즐기면서 알게 된 사실이 이것입니다. 쓴 커피 맛도 하나님께서 누리라고 주신 것처럼 인생의 쓴맛도 누리라고 주신 것이구나. 오히려 쓴맛 속에서 깊이 있는 맛을 느낄 수 있으므로 고난까지도 누려야 하는 것이구나.

어떤 분이 열심히 돈 벌어서 좋은 동네에 넓은 집을 사셨답니다. 그런데 돈을 벌기 위해 바쁜 나머지 정작 본인은 그 좋은 집을 누리지 못하고 그 집의 가정부가 아침에 출근해서 청소 한 시간 하고 음악 듣고 한 시간 누워 잔 다음에 수영장에서 수영하고 주스 마시고 5시에 퇴근한다고 합니다. 반면 집주인은 힘들게 일하다가 밤늦게 퇴근해서 수영도 즐기지 못하고, 텔레비전 앞에서 라면 먹으면서 드라마 보다가 소파에서 잠이 든다고 합니다. 그러다가 새벽같이 일어나 또 장사하러 나간다는 것입니다. 다음 날 그 가정부는 어제 못 들은 음악 듣고 또 수영하고 그 집을 즐깁니다.

그 집은 누구를 위한 집입니까? 누리는 것이 자기 것이 됩니다.

주님께서는 우리에게 평탄함도 주시지만 어떤 때는 속상할 정도의 어려움도 주십니다. 그러나 고난에도 얻을 것이 얼마나 많습니까? 하나님의 은혜 안에서, 믿음으로 구원을 얻은 백성들은 하나님께서 주신 모든 상황들을 누리며 살아야 합니다. 건강한 교회, 건강한 신앙인은 하나님께서 주신 모든 것을 감사함으로 누리며 삽니다. 남편도 변화시키려 하지 말고 그냥 누립시다. 누릴 때 비로소 열매를 거두게 되고 놀라운 일들이 나타나기 시작합니다. 자기에게 있는 것을 누리지 못하면 문제만 남을 뿐입니다. 주신 것들을 그냥 있는 그대로 누리는 건강한 하은교회 성도들이 되시기를 바랍니다.

하나님의 계산법 (2)

성경에 5+2=5000이 되었던 적이 있습니다. 논리로 이해할 수 없고, 수학 법칙으로도 설명이 되지 않는 이야기입니다. 이렇듯 하나님께서 개입하시면 세상의 논리와 수학 법칙은 더 높은 차원의 법칙인 하나님의 계산법에 그 자리를 내어주어야만 합니다. 저는 이것을 '영쾡스러운 비논리 법'이라 이야기하고 싶습니다.

경제학의 계산 법칙에 따르면 잃은 것은 손실이요, 남긴 것은 이익입니다. 잃은 것이 이익이 될 수도 있다고 말해 주는 수학 법칙은 없습니다. 그러나 하나님의 계산법은 다릅니다. 그 계산법을 믿는 우리는 영원한 이익을 얻기 위해 영원하지 않은 가치를 버리기도 합니다.

우리가 드리는 헌금 중에는 꼭 드려야 하는 헌금이 있고, 드려도 되고 안 해도 되는 것이 있습니다. 반드시 드려야 하는 헌금은 십일조입니다. 이것은 하나님께 속해 있으니 우리가 하고 안 하고의 문제가 아닙니다. 두 번째에 해당되는 드려도 되고 안 해도 되는 것은 구제, 선교, 특별한 헌금에 관한 것입니다. 저는 해도 되고 안 해도 되는 헌금이라 했지만, 바울은 고린도 교회 교인들에게 억지로 해야 하는 일이 아니라고 설교하였습니다.

헌금하는 일은 강요 때문에 억지로 해야 하는 일이 아닙니다. 그러나 서원으로 하며 기쁨으로 하는 일에 은혜를 넘치게 부어 주셔서 모든 착한 일이 부족함 없이 넉넉하게 이루어질 것이라고 했습니다. 여러분의 성경을 찾아 밑줄을 그어두시기 바랍니다.

"하나님이 능히 모든 은혜를 너희에게 넘치게 하시나니 이는 너희로 모든 일에 항상 모든 것이 넉넉하여 모든 착한 일을 넘치게 하려 하심이라"(고후 9:8).

하은 PLUS, haeunchurch.com, 학생부와 주일학교, 한글학교, 장학사업, 선교와 구제, 나아가 교회 확장을 위해서 우리의 헌신이 필요할 때입니다. 한글학교를 위해 오늘 특별히 드린 10달러의 헌금이 독도에 교회를 세울 수 있음을 기억합시다. 헌금은 이렇게 하는 것입니다. 하나님의 법칙은 드리면 드릴수록 더 많은 것을 주시는 것입니다. 수준 높은 섬김의 단계로 투자하십시오. 하나님을 시험해 보십시오.

제2회 하은의 밤

연합 한미노회를 다녀와서

현재 미국장로교는 미국 내 50개 주와 푸에르토리코를 포함하여 약 260만 명의 활동 교인이 있으며, 173개의 노회, 11,260개의 교회, 20,940명의 목사, 979명의 목사 후보생 등이 있습니다. 인종 구성면에 있어서 주류 민족은 단연 백인들이고, 교단 내에 다음과 같은 다섯 개의 대표적 소수민족이 있습니다: 흑인62,000명, 한인30,000명, 라티노21,000명, 기타 아시안10,000명, 인디언 원주민9,000명. 특별히 한인 인구는 비록 전체의 1%밖에 되지 않지만, 그 영향력은 지대하며 강력한 리더십을 발휘하고 있습니다. 그 대표적인 사례로 우리 한인 이민 1세 중에 교단 전체의 총회장이승만 목사이 배출되기도 하였습니다.

지난 6월 말 산호세에서 열린 제218차 총회에서 기존 교단 헌법 'G-6.0106', "목회자 및 장로, 안수집사는 남성과 여성 결합의 신실한 결혼 정립 및 혼전 순결을 조건으로 한다"는 조항이 찬성 360표, 반대 325표로 삭제되는 일이 벌어졌습니다. 이것이 발효되려면 173개 노회의 과반수가 찬성해야 합니다. 이번 연합 한미노회에서는 이제는 우리 한인교회들이 단순히 총회의 이익을 누리기에 급급하기보다 교단을 위해 금식하며 기도해야 할 때임을 자각했습니다. 더불어 노회 산하 복음주의 목회자들이 이번 10월 LA에서 모여 결의를 하여 먼저 헌법을 바로잡고, 노회 후원비를 중단하고, 그럼에도 바로잡히지 않을 경우 복음주의연합회를 따로 구성하기까지 서로 마음을 모았습니다.

그런데 여러분, 저는 이번 회의에서 다른 것 하나를 보았습니다. 사실 이 문제도 심각한 것이지만 이 문제에 모두가 빠져들고 있는 사이 교회의 본질들을 하나 둘씩 잃어가고 있다는 무서운 생각이 들었습니다. 동성애 문제가 우선적으로 바로잡아야 할 싸움입니다. 그러나 여기에만 집중하다 보면 정작 교회가 해야 할 일을 놓칠 수가 있다는 것입니다. 이 일은 이렇게까지 가버린 것을 안타까워하고 아파하는 신실한 교단의 목회자들에게 맡기고, 우리는 우리의 일을 더 열심히 하는 것입니다.

사실 저는 이 일이 어떻게 생긴 것이고, 어떤 방향으로 가는 것인지 이번 회의에 가서야 알았습니다. 그리고 앞으로 어떻게 해야 할지도 잘 모릅니다. 제가 모르는 일에 뛰어들어 에너지를 소모하고 싶지 않습니다. 저는 좀 더 안으로는 예배에 집중하고 밖으로는 선교에 집중할 것입니다. 사실 교회가 예배와 선교에 집중하지 않고 다른 곳에 물질과 시간이 쓰여지니 이런 말도 안 되는 일이 벌어지지 않나 생각이 듭니다.

여러분, 정말 기도해야 합니다. 기도로 문제를 풀어야 합니다. 모든 문제의 열쇠는 기도입니다. 교단의 지도자가 바로잡아 갈 수 있도록 우리 함께 기도합시다. 다음 주 한 주간은 이를 위한 특별새벽기도회로 선포합니다. 우리 하은교회가 Task Force팀이 되어서 비상으로 함께 기도할 때에 위기가 축복으로 바뀔 줄 믿습니다.

성전 구입 1주년을 돌아보며

　이틀 전 금요일, 9월 26일은 우리가 성전을 구입한 지 1년이 되는 날입니다. 이날 저는 악몽까지 꾸었답니다. 우리 교회가 짐을 싸고 나가는 겁니다. 1년 전을 생각하면 끔찍합니다. '암담하다'는 말은 너무 약한 표현입니다. 이제 와서 말씀드리지만 너무나 괴로운 날들이었습니다. 제가 지금까지 만난 것 중 가장 무서운 호랑이였습니다.
　그런 우리에게 하나님께서는 성전을 주셨습니다. 그것은 기적이었습니다. 성전을 구입하긴 했지만 아직 호랑이는 우리 곁에 으르렁거리고 있습니다. 한 달에 14,000달러나 되는 모기지가 무섭게 노려보고 있었습니다. 고 목사 너무 무리한 것 아니냐고 동료 목사님들도 걱정하였습니다. 나중에 안 사실이지만 얼마 못 가 무너질 거라고 한 분도 있었답니다. 무식하면 용감하다고, 저는 그것이 무엇을 뜻하는지도 모르고 1년을 달려왔습니다.
　우리가 달려온 1년은 전력질주였습니다. 뒤를 돌아볼 틈도 없이 단숨에 온 것 같습니다. 돌아보니 1년 동안 단 한 번도 연체 없이 꼬박꼬박 모기지를 납부했을 뿐만 아니라 교회 살림도 어려움 없이 운영되었고, 우리 아이들에게도 풍족하지는 않지만 최선을 다해 투자해 주었다고 생각합니다. 그 호랑이는 어느새 고양이가 되어 있습니다.

1년을 회고하며 제 가슴에 남아 있는 말씀이 있습니다.

> "이는 내 생각이 너희의 생각과 다르며 내 길은 너희의 길과 다름이니라 여호와의 말씀이니라 이는 하늘이 땅보다 높음같이 내 길은 너희의 길보다 높으며 내 생각은 너희의 생각보다 높음이니라"(사 55:8-9).

이제 우리 교회는 하나님의 뜻을 구하는 교회가 되어야 합니다. 왜 하나님께서 지극히 미약한 우리에게 240만 달러짜리 교회를 맡기시고 관리하게 하시는지를 알아야 합니다. 겨우 살아가고 버티는 교회가 아니라 세상에 충격을 주는 교회로 성장해 갑시다. 지금 뉴욕은 예배와 선교에서 특별히 본이 되는 교회가 없습니다. 우리 교회가 기준이 되고 기둥이 되는 교회로 자라갑시다.

자, 또다시 심판의 휘슬이 울렸습니다. 경기장으로 뛰어 들어갑시다. 하은교회 선수들이여, 파이팅! 참, 저는 코치입니다. 감독은 우리 하나님!!

시간의 적금을 타자

　시간은 투자입니다. 매 순간 최선을 다하라는 말은 현재의 시간에 투자함으로써 미래의 승리와 안전을 확보하라는 말입니다. 내가 한 시간을 차를 정비하는 데 투자하면 나중에 하이웨이에서 차가 멈춰 그 몇 배나 되는 시간을 낭비하는 것을 예방할 수 있습니다. 지금 몇 달 확실하게 기본기를 배워 놓으면 나중에 난이도가 높은 기술을 훨씬 짧은 시간에 습득할 수 있게 됩니다.

　병원의 의사들은 후배들에게 '틈새교육'을 강조한다고 합니다. 선배 의사가 어떻게 환자를 다루는지, 수술을 하는 모습, 움직이는 것 등을 철저히 관찰하고 배워 두라는 것입니다. 자기 일이 아니라고 해서 대충대충 넘어가면 나중에 비상 상황이 벌어졌을 때 당황해서 실수하기 십상이라는 것입니다. 그 결과는 치명적이 됩니다. 평소에 실력을 철저히 다져 놓아야 위기의 순간이 닥칠 때 제대로 대처할 수 있습니다.

　평소에 내가 하나님과의 관계를 깊이 다져 놓으면 진짜 위기의 순간에 나를 지켜 주는 든든한 영적 토대가 됩니다. 평소에 차곡차곡 읽어 두었던 성경 말씀들이 내가 폭풍의 때를 맞았을 때 번뜩이는 지혜와 말할 수 없는 격려를 주는 경험을 수도 없이 합니다. 매일 조금씩 쌓아 놓은 기도의 힘이 모진 시련의 비바람이 불어 닥칠 때 흔들리지 않는 영혼의 내공으로 쌓이게 됩니다.

영어로 '벼락치기'를 'Procrastinate'라고 합니다. 이 말의 원래 의미는 희한하게도 '미루어 둔다'는 뜻입니다. 즉 매일매일 순간순간에 해야 할 일에 최선을 다하지 않고 미루어 두면 나중에는 결국 벼락치기를 할 수밖에 없다는 뜻입니다. 우리가 경험으로 알듯이 벼락치기해서 성공하는 비율은 극히 낮습니다. 설사 성공한다 해도 오래가지 못합니다. 벼락치기해서 시험을 보면 성적을 올릴 수 있을지 몰라도 지식으로 남지 않습니다. 급조한 공사는 부실공사가 되기 쉽고, 급조된 성과는 조그마한 위기에도 쉽게 무너져 내립니다.

시간은 투자입니다. 평범해 보이는 오늘의 한순간 한순간을 아무렇게나 넘기지 맙시다. 전혀 예기치 않았던 미래에 우리는 엄청난 시간의 적금을 타게 될지도 모릅니다. 예전에는 기도 못하게 핍박했는데, 지금은 기도 못하게 바쁩니다. 기도에 시간을 투자해야 합니다. 어려울 때 적금을 타면 큰 힘이 됩니다. 지금이 어려운 때 아닙니까? 기도의 적금을 타셔서 풍요로움이 넘치시길 축복합니다.

산소 마스크 이론

비행기를 타면 비상상황에 대한 대처법을 알려 줍니다. 산소 마스크가 떨어지면 먼저 어른이 착용하고, 그다음에 아이나 노약자에게 마스크를 착용시키라고 말합니다. 노약자를 먼저 돌보는 것이 당연하다는 상식을 깨는 제안입니다. 왜 그래야 하는가? 성인이 먼저 건강해야 약자를 제대로 돌볼 수 있기 때문입니다. 이것이 산소 마스크 이론입니다.

우리의 삶에는 많은 문제들이 있습니다. 그것들이 때로는 숨을 쉴 수 없을 만큼 우리의 숨통을 죄어옵니다. 산소 마스크가 필요합니다. 바로 예배의 축복입니다.

예배의 축복은 하나님의 관점을 갖게 되는 것입니다. 열정을 다해 예배드리면 내가 변화됩니다. 그 이유는 하나님의 관점을 갖게 되기 때문입니다. 시각이 바뀌면 놀라운 일들이 일어납니다. 하나님의 관점을 갖게 되면 우리가 직면한 문제는 너무 작게 느껴집니다. 문제를 보는 시각이 달라집니다. 문제를 영적인 차원, 영원의 차원에서 보게 되기 때문입니다. 그런 까닭에 우리는 신령과 진정으로 열정을 다해 예배드려야 합니다요 4:24~25.

이민의 삶의 위기와 도전 앞에 서 있는 우리의 손에 상황과 문제보다 하나님을 더 크게 보게 하는 확대의 힘이 있습니다. 믿음의 성장은 시각의 변화이고 관점의 변화입니다. 세상의 눈에서 하나님의 눈으로, 세상의 생각에서 하나님의 생각으로 바뀌는 것입니다. 하나님의 자녀라는 우리의 영광스러운 신분을 단 하루라도 잊지 맙시다.

세상이 고공비행을 하다가 기체가 심히 흔들리고 있습니다. 경고등이 켜지고 산소 마스크가 튀어나왔습니다. 우리 하은교회 가족들이여, 지금 이 마스크를 쓰십시오. 예배의 마스크를 통해 크게 들이마시고Inhale 세상에 넣어 주십시오Exhale. 우리가 건강해야 세상을 도와줄 수 있고, 치료할 수 있습니다.

오늘, 하늘 아버지의 관점으로 상황을 바라볼 수 있기를 바랍니다. 예배는 우리의 미래를 새롭게 합니다.

부활절 새벽기도

믿음의 가문을 일으키라

지금 우리의 위기는 경제의 위기가 아니라 영적인 위기입니다. 자녀들의 마음속에 경건한 삶의 법칙이 자리 잡지 못하고 있습니다. 하나님의 일, 영적인 일들은 이미 무관심하고 재미없는 일이 되어 버렸습니다. 세상이 끄는 대로 끌려가고 있으며, 도덕적인 자제심을 잃은 채 비틀거리고 있습니다. 부모를 속이면서 죄책감이 없는 소위 '아날로그 결핍현상'이 나타나고 있습니다.

이 땅이 점점 소돔 성이 되어 가고 있습니다. 한꺼번에 타락하는 사람은 없습니다. 어느 날 갑자기 허약해지는 신앙인도 없습니다. 하루하루, 조금씩 조금씩 영적으로 병들어가는 것입니다. 우리가 무관심한 사이 복구 불능의 치명적인 영적 손상을 입을 수 있습니다.

이제는 우리 모두가 하은교회의 아비 어미의 심정으로 소돔과 고모라 같은 이 땅을 치료하기 위해 노력해야 합니다.

우리의 자녀들에게 영적인 면을 보여 주십시오. 거룩한 영향력을 주도록 노력해 주십시오. 성경을 읽는 모습, 기도하는 모습을 아이들에게 보여 주십시오. 우상을 섬기던 가정에서 믿음의 가문을 일으켰던 아브라함은 오직 두 가지 관심밖에 없었습니다. 하나는, 제단을 제대로 쌓느냐 하는 것이었고 다른 하나는, 자식에게 좋은 영향을 끼치고 있느냐 하는 것이었습니다. 우리 중에 자녀에게 좋은 영향을 끼치기 위해 노력하지 않는 부모는 없습니다. 그런데 제단을 쌓는 일에는 소홀히 하고 있지 않습니까? 아브라함은 제단을 섬기는 마음으로 이삭을 키웠습니다.

주의 성령께서 우리 자녀들의 마음을 붙잡아 달라고 기도해야 합니다. 잔소리로는 아이들의 마음을 붙잡지 못합니다. 제단을 소홀히 하였던 롯의 두 딸과 아브라함의 자녀를 비교해 보십시오.

우리가 하나님 앞에 섰을 때 하나님이 "너 뭐 하다 왔느냐?" 물으시면 "하나님이 제게 믿고 맡기신 자식 제대로 키우다 왔습니다"라고 말할 수 있어야 하겠습니다.

기도의 자식은 결코 망하지 않는다는 이 한 가지를 잊지 맙시다.

옹기장이 찬양집회

울어야 산다

　사는 것이 어렵다 보니 사회가 점점 더 삭막해져 가고 있습니다. 아무리 어려워도 눈물이 있는 촉촉한 인간미가 있는 사람은 언제나 살맛이 나게 만듭니다. 공관복음에 씨 뿌리는 비유가 있습니다. 그런데 유독 누가복음에 나오는 독특한 표현이 있습니다. "더러는 바위 위에 떨어지매 싹이 났다가 '습기가 없으므로 말랐고'"눅 8:6라는 표현입니다.

　바위에 떨어진 씨가 죽었습니다. 왜 그렇습니까? 습기가 없었기 때문입니다. 습기는 생명 유지에 있어서 절대적인 요소입니다. 그러므로 자꾸 마음에 습기를 제공해야 살 수 있습니다. 메마름으로 살면 안 됩니다. 그러면 우리의 마음이 바위가 되고 맙니다.

　다윗의 전성기는 이스라엘을 통일시킬 때도 아니고, 골리앗을 물리치고 승리를 거둔 때도 아닙니다. 범죄 이후 나단 선지자의 지적을 받고 자기 죄를 고백할 때입니다. 그 고백의 핵심이 무엇입니까? 하나님께서는 깨진 마음을 보신다는 것입니다. 깨진 마음은 습기 있는 마음입니다.

"하나님께서 구하시는 제사는 상한 심령이라 하나님이여 상하고 통회하는 마음을 주께서 멸시하지 아니하시리이다"(시 51:17).

왜 하나님은 깨진 마음을 원하십니까? 습기의 회복, 눈물의 회복을 원하시기 때문입니다. 습기가 회복되면 모든 것이 회복됩니다. 우리 인생이 촉촉해져야 합니다. 그래야 열매가 있습니다. 메마른 눈으로 바라보니 세상이 안 보이고 미래가 안 보이고 이웃이 안 보이는 것입니다. 주기마다 한 번씩 기도의 샘에 잠겨야 합니다. 통곡의 샘에 잠겨야 합니다. 잠겨야 보입니다. 잠겨야 시력이 생깁니다. 잠겨야 사역이 됩니다.

하나님께서 이렇게 어려운 삶을 주시는 것은 눈물샘을 찾으라는 뜻인 것 같습니다. 지금은 울어야 산다는 것입니다. 고난을 통해 눈물의 골짜기를 건너는 것입니다. 우리의 눈이 눈물로 충분히 촉촉하게 적셔질 때 비로소 미래가 보입니다. 찾지 못하던 피할 길이 보일 것입니다. 막막하던 상황에서 살 길이 보일 것입니다. 적셔져야 보입니다. 예수님의 사역의 핵심은 통곡과 눈물에 있었습니다(히 5:7). 그래서 정확히 보는 삶을 사셨습니다.

그러므로 눈물샘이 터진 사람이 능력 있는 사람이요 진정한 의미에서 인재입니다. 사회가 메마르니 사람들이 살 희망을 찾지 못합니다. 어떤 죽음도 울어 주는 눈물이 있으면 살아납니다. 눈물샘이 터지면 사막 같은 영적 세계가 비옥해집니다. 우리 하은교회는 아픔을 보는 눈, 고통을 보는 눈을 가져야 합니다. 우리가 적셔지면 사회도 살아나고 교회도 살아나게 되어 있습니다.

예수님의 기도에서 배운다

오늘은 예수님의 가장 대표적인 기도, 겟세마네의 기도에서 배울 점을 얻고자 합니다.

첫째, 열정을 배워야 합니다.

녹초가 될 정도로 열정적으로 기도하는 법을 배워야 합니다. 예수님은 땀방울이 핏방울이 될 정도로 기도하셨다고 하였습니다눅 22:44. 진액을 쏟는 기도였다는 말입니다. 저도 주일에 열정적으로 설교하고 나면, 저녁에 셔츠에 노란 물이 든 경우가 종종 있습니다. 땀이 나오다 못해 진액이 나온 것이라는 생각이 듭니다. 때는 아닙니다.

영화 '쇼생크 탈출'의 앤디는 감옥에 도서관을 만들기 위해서 주 정부에 편지를 보냅니다. 죄수의 편지에 관심을 갖거나 답장하는 사람은 없었지만 지치지 않고 매주 6년을 보낸 끝에 답장과 함께 200불이 왔습니다. 그때 앤디는 이렇게 말합니다. "답장받는 데 6년밖에 안 걸렸어. 이제 매주 2통씩 보낼 거야." 10년 만에 도서관이 개관되고, 매년 500불의 지원금이 오게 되었습니다. 끈기와 근성이 승리한 것입니다.

무슨 일을 하든 열심을 다해야 합니다. 열심만 있어도 평균 이상의 인생을 삽니다. 은사가 부족하고 잠재력이 부족해도 열심만 있으면 80% 정도까지는 올라갈 수 있다고 합니다. 열심 없음은 결코 핑계할 수 없는 일입니다. 2008년 나의 기도생활은 열심을 다했나, 그렇지 않았나를 돌아보기를 원합니다.

둘째, 실제성을 배워야 합니다.

제자들은 슬픔으로 인해서 잠들었습니다눅 22:45. 슬픔이 지나치면 피곤해집니다. 실제적인 일은 안 하고 슬퍼하고만 있는 사람이 있습니다. 문제를 놓고 걱정만 하는 사람이 있습니다. 진짜 중요한 기도는 하지 않습니다. 헛된 인생을 사는 것입니다. 공부 못하는 학생의 특징은 항상 시험을 앞두고 걱정한다는 것입니다. 지혜로운 학생은 책 한 장이라도 더 보는 실제적인 일에 집중합니다.

어떤 남자가 여자친구에게 공중전화로 전화를 합니다. "좀 있으면 전화 끊길 거야. 돈이 다 되었어." 그리고 전화가 끊겼습니다. 이런 어리석은 사람이 다 있습니까? 짧은 시간에 사랑해, 사랑해, 사랑해를 외쳐야지, 무의미한 말만 외치다가 중요한 기회를 다 놓친 것입니다.

급하다고, 시간이 없다고 아쉬워하고만 있지 맙시다. 슬퍼하고만 있지 맙시다. 기도해야 합니다. 고백해야 합니다. 사랑한다고 말해야 합니다. 우리 하나님께서 다시 주신 2009년, 의미 있는 일에 집중하는 한 해가 되길 기도하며 기대합니다.

모든 일을 주님께 하듯

《최고경영자 예수》라는 책에서 저자는 삶에서 승리하는 법칙 여섯 가지를 소개하면서 제일 먼저 총알처럼 움직이는 동사형 조직을 만들어야 한다고 했습니다. 동사형 조직이란 마음을 다해 열정을 가지고 행동하는 것을 뜻합니다. 그리고 마지막에 "모든 일을 하나님께 하듯 하라"고 권면하고 있습니다.

저는 오늘 우리 교회 쓰레기 문제를 말씀드리려고 거창하게 서두를 시작했습니다. 우리 교회가 부흥하면서 모든 것이 늘었습니다. 더불어 쓰레기도 늘었습니다. 그런데 쓰레기를 치우는 봉사자는 늘지 않았습니다. 늘 버리는 사람은 버리고 치우는 사람은 치웁니다. 그것을 탓하는 것이 아닙니다. 치우는 일을 도와주지 않으셔도 되는데 단지 버릴 때 잘 버려 주시기를 부탁드립니다.

잘만 버려 주신다면 쓰레기 봉지를 절약할 수 있습니다. 절약이 곧 헌금입니다. 교회는 하나님의 집입니다. 하나님의 집 안에 있는 물건은 성물입니다. 각 방마다 일반 쓰레기통과 재활용 쓰레기통을 놓았는데도 분리가 되지 않습니다. 쓰레기통도 새것으로 바꾸어 놓았는데도 여전히 막 버려지고 있습니다. 지금 우리의 모습은 하나님의 집을 마치 동네 공원으로 착각하는 듯합니다.

꿈을 가진다는 것은 너무나 좋은 것이지만 그 꿈을 이루는 과정이 없을 때 그것은 한낱 공상으로 끝나 버립니다. 큰 꿈을 이룬 사람들은 언제나 작은 일에 최선을 다한 사람들입니다. 내 삶에 작은 것을 소중히 여길 때 그것이 모여서 결국 큰 것이 되지 않을까요?

결과적으로 성공과 실패는 엄청난 차이를 만들어 냅니다. 하지만 그 과정을 들여다보면 어처구니없는 사소한 것들 때문인 경우가 많습니다. 작은 일에 최선을 다합시다. 모든 일에 주께 하듯 합시다. 그것이 승리하는 인생을 만들어 가는 법칙이며, 교회의 부흥을 지키는 원동력이 될 것입니다.

이 작은 일에 최선을 다하는 우리 교회는 정말 명품교회입니다. 할렐루야!

태풍 하나 천둥 하나

지난 추수감사주일 때, 성전에 올려진 감사제물 중 큰 호박이 아직 저희 집 테이블 위에 있습니다. 그 호박을 바라보다가 문득 이런 생각이 들었습니다. '저 안에 태풍 몇 개, 저 안에 천둥 몇 개, 저 안에 번개 몇 개가 들어서서 저렇게 크고 잘 익은 것일 게다. 지게 저 혼자 둥글어질 리는 없다. 저 안에 무서리 내린 몇 밤, 저 안에 땡볕 한 달, 저 안에 초승달 몇 날이 들어서서 둥글게 만들어진 것일 게다.'

호박도, 대추도, 감도 어느 것 하나 저절로 여물지 않습니다. 천둥 몇 개, 땡볕 한 달의 역경 끝에 익어 갑니다. 하물며 사람이야 오죽하겠습니까? 베트남을 통일한 호치민의 어록에도 이런 대목이 있습니다.

"절굿공이 아래서 짓이겨지는 쌀은 얼마나 고통스러운가! 그러나 수없이 두들김을 당한 다음에는 목화처럼 하얗게 쏟아진다. 이 세상 인간사도 때로는 이와 같아서 역경이 사람을 빛나는 옥으로 바꾸어 놓는다."

하나님께서는 세상을 먹이시려고 뉴욕에 방앗간을 하나 오픈하셨는데 그곳이 바로 하은교회입니다. 우리가 쌀 알갱이로 남아 있으면 세상을 먹일 수 없습니다. 참새와 비둘기만 와서 쪼아 먹을 뿐입니다. 그러면 배설물만 남길 뿐입니다. 우리가 짓이겨지고 깨어져서 끈적끈적한 찰떡이 되어야 비로소 세상을 먹일 수 있습니다.

우리에게는 두 가지 힘이 있습니다. 혼자서 5천 명분을 먹을 것인가, 아니면 5천 명을 먹일 것인가! 세상은 5천 명분을 혼자 먹는 사람을 성공한 사람이라 하지만 하나님께서는 5천 명을 먹이라 하십니다. 5천 명분을 혼자 먹으면 과식하게 되어 성인병으로 빨리 죽습니다. 그러나 5천 명을 먹이는 일은 너무 힘든 일이라 병에 걸릴 틈이 없습니다. 그리고 그 일에는 말로 설명할 수 없는 배부름이 있습니다.

오늘이 바로 제가 위임목사가 된 지 2년이 되는 주일입니다. 아직 여물지 않은 호박이기에 여러분에게 힘과 위로가 되어드리지 못해 부담감으로 살아가고 있습니다. 그러나 낙심하지 않습니다. 우리는 분명 5천 명을 먹일 것입니다. 할렐루야!

감사는 축복을 머무르게 한다

누구나 복 있는 사람이 되고 싶어 합니다. 복 있는 사람이란 복이 머무르는 사람입니다. 받은 복을 빼앗기지 않는 사람입니다. 스쳐 지나가는 복을 복이라고 하지 않습니다. 멋진 남자가 많이 스쳐 지나간 여자를 복 있는 여자라고 하시 않고 상처 많은 여자라고 부릅니다. 많은 돈을 벌었다가 망한 사람을 복 있는 사람이라고 하지 않습니다. 돈이 머물러 있어서 좋은 데 사용할 수 있을 때 복이라고 말합니다.

우리가 흔히 말하는 '은혜 받았다'는 말이 무엇을 뜻하는지 아십니까? '우리에게는 원인이 없다'는 것입니다. 모든 원인은 오직 하나님께 있다는 것입니다.

각 나라마다 개국 신화가 있습니다. 한국에는 단군신화가 있고, 로마에는 늑대 젖을 먹고 자란 로물로스 신화가 있습니다. 그런데 이스라엘에는 신화가 없습니다. 민족의 시작을 하나님의 약속과 말씀에서 찾습니다. 무슨 말입니까? 모든 원인이 하나님께로부터 시작되었음을 알리는 것입니다. 사람들은 "내 손으로 이루었다"는 말을 좋아합니다. 그래서 성공의 이유를 내가 잘해서, 내가 공부해서, 내가 열심히 해서, 내가 선택을 잘해서라고 우깁니다. 그러나 성경은 원인이 하나님께 있다고 선언하고, 그것을 은혜라고 부릅니다.

은혜는 1차 복입니다. 하나님을 만나고, 좋은 교회를 만나고, 좋은 이성을 만나는 것은 은혜입니다. 문제는 이 1차 복을 머무르게 하는 것입니다. 머무름에는 '실력'이 필요합니다. '영적 실력', '정서적 실력'이 있어야 합니다. 정서적 실력은 '감격과 놀람'입니다. 재미없어도 웃어 주고, 맛이 없는 것에도 '아, 맛있어요. 이런 것 처음 먹어 봐요. 혀가 놀랐어요'라고 감격하고, 좋은 경치를 보면 '아, 놀라워요, 바다 봐요, 물감을 풀어 놓은 듯해요'라고 말하는 것입니다.

머무름의 영적 실력은 감사와 찬송입니다. 감사와 찬송이 떠나지 않는 인생을 삽시다. 그러면 항상 좋은 것이 머무르고, 축복이 떠나지 않는 인생이 될 것입니다.

어려운 때 감사함으로 위기를 극복하고, 가정마다 하나님의 풍성한 축복이 머무르시기를 기원합니다.

성탄절 감사예배

지름길이 없다

    먹지 않으려고 입을 꼭 다물고 손을 내저어도, 얼굴을 돌려도 어느새 입 속으로 기어들어와 목구멍으로 스르르 넘어가 버렸습니다. 그렇게 달콤한 것도 아닌데……. 바로 시간입니다. 오늘도 누에가 뽕잎을 먹듯 사각사각 시간을 갉아먹고 있습니다. 쭉쭉 뻗어나간 열두 가지에 너울너울 매달린 삼백예순두 개의 이파리를 다 먹어치우고 이제 겨우 세 잎만이 남아 있습니다. 퍼렇게 얼어붙은 하늘가에 대롱대롱 매달려 있습니다. 어느덧 한 해가 저물고 있습니다.

    한 해 동안 열심히 살아온 우리 모두를 위함도 물론이거니와 우리보다 더 열심히 우리의 삶을 지켜 주신 하나님께 감사를 돌려야겠습니다. 이제 2009년으로 들어갑니다. 그 어느 때보다도 인내심과 기다림이 필요한 때인 줄 압니다.

    사랑하는 하은교회 가족 여러분, 새해에는 무엇보다 기도의 끈을 놓지 않는 것이 중요합니다. 지금 당장 이루어지지 않는다고, 우리가 원하는 시기를 훌쩍 지나쳤다고 기도의 자리를 떠나지 마십시오. 오히려 잠잠히 기도의 자리를 지키고 더욱 사모하는 마음을 쏟아내십시오.

신앙생활에 지름길은 없습니다. 기도로 충만한 삶을 살지 못하면 기적을 경험할 수 없습니다. 홍해는 모세의 지팡이로 열린 것이 아니라 기도로 열렸음을 잊지 맙시다. 하나님의 뜻을 소망하는 마음과 함께 간구하는 마음만큼 양을 채우고 주님의 때가 임하기까지, 주님의 때가 멀지 않았음을 믿고 감사하십시오.

기다림은 길고 때론 우리를 지치게 하지만 주님은 분명 가장 선한 때와 방법으로 우리의 기도를 이루실 것입니다.

2009년에는 누에가 뽕잎을 먹듯 우리의 시간을 갉아먹도록 내버려 두지 맙시다. 누에가 먹기 전에 가장 좋은 것을 골라 미리 하나님 앞에 십일조의 시간을 드립시다. 비록 우리의 삶이 타 없어질 것 같지만 번제를 받으신 하나님께서 우리의 필요를 채워 주실 것입니다. 새해 하나님께서 우리에게 부어 주실 놀라운 축복들을 기대하며 벌써 여러분과 그 기쁨을 나눌 일들에 흥분이 됩니다.

3부

2009
성령의 기름 부으심이 넘치는 교회 (시 23:5)

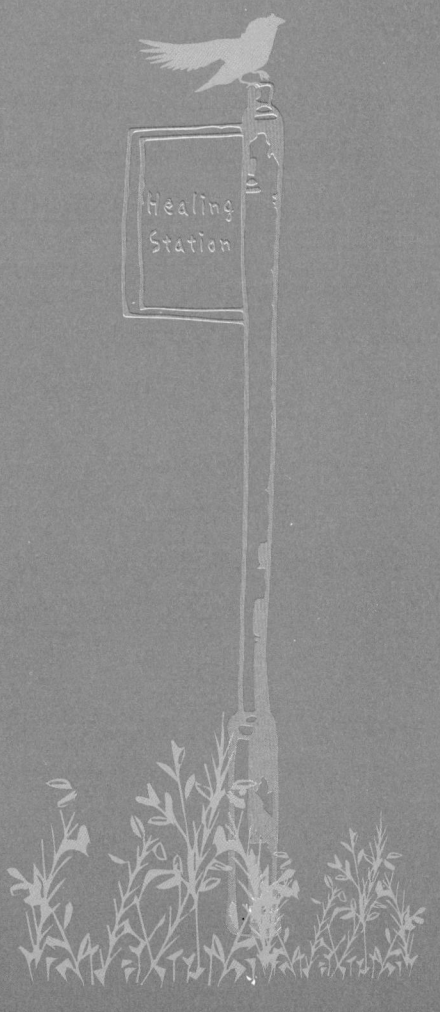

명품 그리스도인이 되라

　인간은 하나님의 모든 것을 다 알 수 없습니다. 인간은 하나님의 모든 신비를 알 수 없습니다. 그래서 사도 바울은 하나님을 더 알기 원한다고 고백했던 것입니다. 본래 인간은 하나님을 알 수 있는 가능성을 타고난 존재이지만 우리 마음에 하나님 두기를 싫어하는롬 1:28 죄성 때문에 하나님을 알 수 없는 상태가 되고 말았습니다.
　불경기에도 호경기를 누리는 곳은 명품매장이랍니다. 명품은 사람의 마음을 사로잡습니다. 물건이 좋으면 아무리 불황이라도 팔립니다. 명품은 환경 탓, 세상 탓을 하지 않습니다.
　우리도 명품이 되어야 합니다. 그리스도인의 삶에는 네 가지 단계가 있습니다. 평범한, 특별한, 비범한, 그리고 완전한 단계입니다. 명품 그리스도인은 마지막 단계인 완전한 그리스도인이 되는 것입니다.
　완전한 명품 그리스도인은 세상에 살면서 천상의 기쁨을 누릴 줄 아는 사람입니다. 진리를 충분히 듣고 흡족한 기회가 주어지며, 성령으로 시험을 이기는 사람입니다.

올 한 해에도 어김없이 영적 위기가 우리를 덮칠 것입니다. 우리 모두는 하루하루가 시험의 날이라는 것을 깨달아 늘 넘어지지 않도록 조심해야 합니다.

성령의 기름 부으심으로 영적 난쟁이 수준에서 벗어나 그리스도의 장성한 분량의 명품 그리스도인이 됩시다.

교회 풍경

피해자의 용서

요셉은 형들에 의해서 종으로 팔려갔습니다. 노예 생활과 감옥 생활 등 기나긴 고난의 세월을 보냈습니다. 그는 20년이 지나 형들과 재회합니다. 애굽의 총리가 되어서 얼마든지 보복할 수 있는 위치에 있었지만, 형들에게 용서를 선언합니다. 요셉의 용서로 인해 야곱의 무너졌던 가정이 회복되고, 12명의 형제들이 이스라엘의 12지파가 되는 기초를 마련하게 되었습니다.

피해자가 좋은 이유가 무엇입니까? 용서를 선포할 수 있기 때문입니다. 가해자와 피해자가 있을 때, 가해자는 결코 용서를 들먹일 수 없습니다. 그럴 자격이 없습니다. 용서는 오로지 피해자만이 할 수 있는 특권입니다. 깨진 관계는 피해자의 용서가 있을 때 회복되는 것입니다.

지난 12월 8일 샌디에이고의 주택가에 미군 전투기가 추락했습니다. 집에 있던 4명이 그 사고로 사망했습니다. 가족을 잃은 윤동윤 씨의 인터뷰 첫마디가 전투기 조종사에 대한 용서였습니다.

"전투기 조종사를 용서한다. 그도 사고를 막기 위해 최선을 다했을 것이다. 그를 위해 기도하겠다."

그의 용서의 메시지는 모든 이에게 큰 감동을 주었습니다. 이런 아름다운 소식을 접한 사람들이 여기저기서 후원금을 보내기 시작했습니다. 윤동윤 씨는 모든 후원금을 한국과 미국의 어려운 사람을 위한 자선기금으로 내놓았습니다. "이 후원금은 나를 위해 쓰라는 게 아닌 것 같아 아내가 생전에 매달 기부해 오던 어린이재단과 기독교단체에 보내 그 뜻을 이어가고 싶다"고 밝혔습니다.

당신은 피해자입니까? 그렇다면 용서의 기회를 잡은 것입니다. 피해자의 용서만큼 강한 메시지도 없습니다. 멋진 피해자가 됩시다. 세상에서 제일 보기 싫은 것이 피해자가 독해지는 것입니다. 피해를 입은 것도 불쌍한데 그 이후 독한 마음으로 살아가면서 삶이 무너지는 모습이 더 안타깝습니다. 예수님께서는 십자가를 지시면서 자기를 죽이는 자들을 향해 '저들의 죄를 용서해 달라'고 기도하셨습니다. 피해자를 용서하는 것이 십자가 정신입니다.

이민사회에 유익이 되는 교회

우리 교회 요람 첫 페이지를 열면 목회 비전이 나옵니다. 첫째는 예배, 둘째는 치유, 셋째는 선교, 그리고 넷째는 교육에 힘쓰는 교회입니다.

지난 수요일 제직헌신예배를 드렸습니다. 강사로 오신 허봉기 목사님의 메시지가 아직도 가슴에 남아 있습니다. 헌신이란 내가 많은 사람에게 유익이 되는 것이라는 말씀입니다. 우리 하은교회가 진정 헌신된 교회라면 '적어도 우리가 살고 있는 뉴욕 한인사회에 유익이 되어야 하지 않겠느냐?' 하는 도전이 생깁니다.

어떻게 해야 우리가 살고 있는 사회에 유익이 되는 교회가 될 수 있을까요? 많은 방법이 있겠지만 그중 우리 교회가 할 수 있는 것이 교육이 아닐까 생각해 봅니다. 물론 남이 하고 있지 않아서가 아닙니다. 우리 주위에 교육에 관심이 있는 교회가 많이 있다고 우리가 손을 놓고 있을 수는 없는 것입니다.

최근 우리 교회의 학생부가 폭발적인 부흥을 하고 있습니다. 그런데 몰려오는 아이들을 잘 관리하고 있지 못하고 있습니다. 우리 이민사회의 거의 모든 분들이 아이들 교육 목적으로 이민을 오셨으며, 그렇지 않더라도 교육문제만큼은 누구나 예외 없이 관심이 높습니다.

저는 우리 아이들을 잘 키워 선교사로 보내고 싶습니다. 제가 보내고 싶은 선교지는 백악관입니다. 그곳이 주님께서 말씀하신 땅 끝이 아닌가 생각됩니다. 그곳이 변화되면 아프리카와 중국은 선교사를 보내지 않아도 변화됩니다. 만 명의 선교사를 후원하는 것보다 잘 키운 우리의 자녀 한 명을 백악관에 보낸다면, 그래서 나라의 지도자가 말씀으로 바로서고 하나님을 두려워한다면, 분명 우리가 사는 이민사회뿐 아니라 전 세계에 유익을 줄 수 있을 것이라고 생각합니다.

사랑하는 하은교회 가족 여러분, 저와 함께 우리 자녀들을 백악관에 선교사로 보내기 위해 헌신하지 않으시겠습니까?

건축헌금을 위한 긴급제안

여러분, 지금 우리 교회는 부흥의 밀물이 세차게 몰려오고 있습니다. 그나마 예배당은 아직은 괜찮지만 식사시간에는 정말 혼란스럽습니다. 여기저기에서 성전 증축과 이전에 관한 이야기가 나오고 있습니다. 이제는 더 이상 미룰 수 없어 새롭게 성전을 증축하려 합니다. 이번 성전 건축은 우리가 한마음만 된다면 바로 다음 주일에 건축이 이루어질 것이고, 그렇지 않으면 긴 세월이 걸릴지도 모릅니다. 자! 이제 건축회원을 모집합니다.

첫째, 건축회원 A

예배시간 10분 일찍 와 주세요. 그러면 5,000달러 건축헌금 하신 것과 똑같습니다. 그런데 일찍 오셔서 제일 앞자리에 앉아 주신다면 그것은 10,000달러 헌금하신 것보다 더 가치 있는 일입니다. 여러분, 우리 교회 예배시간 아시나요? 11시이지 11시 10분이 아닙니다. 다 아신다고요?

아시면서 왜 11시가 넘어야 오시는 거죠? 하나님에게만 약속이행을 강요하지 마시고 우리도 하나님의 시간을 지킵시다. 이것이 하늘백성의 매너 Manner입니다. 한 시간 꾹 참고 앞자리부터 차례차례 앉는 바로 당신이 우리 교회 건축회원의 일등공신입니다.

둘째, 건축회원 B

1부 예배를 적극 권장하여 드립니다. 이것은 15,000달러 작정헌금 하신 것과 동일합니다. 그만큼 어려운 일이기 때문입니다. 1부 예배는 봉사자들이 드리는 예배입니다. 교사와 부엌봉사자, 차량봉사자, 그리고 기타 봉사자들입니다. 유일하게 늦잠 잘 수 있는 주일날 아침 일찍부터 나와 예배로 시작하고 봉사하는 삶에 하나님은 큰 보상을 해주시리라 믿습니다.

셋째, 특별 건축회원

영아부 엄마들에게 해당됩니다. 아이들을 선생님들께 맡기고 예배를 드리셔야 합니다. 그래야 성전이 바로 세워질 수 있습니다. 우리 마음 안에 큰 성전을 건축합시다. 그리고 벽돌 한 장 한 장을 차곡차곡 함께 쌓는다는 마음으로 참여해 주시기 바랍니다. 식사를 하실 때에도 새로 오신 분과 아이들에게 먼저 양보하고 질서를 지켜 주신다면 우리 교회의 보이지 않는 성전은 이미 우리 안에 세워져 가고 있는 것입니다.

새 성전을 위한 건축회원이 되어 주시겠습니까?

Almost

Almost!

골퍼들이 그린 위에서 퍼팅할 때 홀에 거의 가까이 왔지만 아깝게 들어가지 않으면 온갖 아쉬움을 몸으로 표현하면서 "Almost!"라고 외칩니다. 중요한(?) 경기가 아니면 홀에 들어간 것으로 인정해 주기도 합니다.

새해 목표로 세운 금연, 금주의 각오가 무너질 때 질타하는 가족들에게 이렇게 변명합니다. "거의Almost 다 했는데……." 숙제를 검사하는 선생님 앞에서 제일 많이 하는 거짓말은 "숙제 안 가져왔는데요." 그보다 조금 진실한 학생은 이렇게 말합니다. "숙제 거의 다 했는데……." 시간이 되어 도착하지 않은 친구에게 전화를 합니다. "어디야?" 그럴 때마다 꼭 이렇게 대답합니다. "거의 다 왔어, 조금만 기다려." 이미 한참을 기다렸는데…….

어떻게 보면 세상이 더 관용적이고 천국이 더 야박할지 모르겠습니다. 그래도 어쩔 수 없습니다. 천국은 거의 다 왔다고 들어갈 수 있는 곳이 아닙니다. "거의 영생을 소유할 뻔했는데……." 이런 말은 있을 수 없습니다.

신앙은 정확Perfect해야 합니다. 눈물은 이곳에서 흘려야지, 여기서 웃고 나중에 지옥에서 울면 무엇 합니까? 눈물은 이곳에서 다 흘리시고 천국에서 영원히 웃으실 수 있기를 축복합니다.

천국문 인터뷰에서 심판관이신 주님이 물으십니다.

"내가 맡긴 일 어떻게 됐니?" 그때 "거의 다 했는데……시간과 물질이 조금 모자라서……"라고 소심하게 말하는 것이 아니라 "주님이 맡기신 것과 여기 더 남겼습니다"라고 자신 있게 대답하고 주님 품에 안기는 복된 하늘 백성이 됩시다.

본당 지하 페인트칠 (청년부)

Four Fourteen Window

세상이 무섭도록 이슬람화되어 가고 있습니다. 영국은 이미 감리교 신자보다 이슬람 신자가 훨씬 많아졌고, 우리나라에도 이슬람 대학이 장학금으로 학생들을 끌어 모으고 있다고 합니다.

기독교의 선교전략에 큰 허점이 드러난 것입니다. 물론 지금까지의 선교가 모두 잘못된 것은 아닙니다. 그만큼 선교의 열정이 있었기에 문제를 볼 수 있는 눈이 열렸으며, 또 시대에 맞는 선교 방법들이 제시되고 연구된 것이라 생각됩니다.

지금까지의 선교전략은 'Geographical'^{지역적} 선교였습니다. '땅 끝'의 개념을 강조한 것입니다. 그러나 21세기의 새로운 선교전략은 'Chronicle'^{사람}입니다. 그 전략이 바로 '4-14 Window'입니다. 4세에서 14세의 아이들은 무엇이든지 흡수하는 나이라고 합니다. 이 시기에 복음을 받아들이면 세상이 흔들지 못하는 위대한 하늘 백성이 되는 것입니다.

그리하여 우리 교회가 선교하는 마음으로 유아원을 시작하려는 것입니다. 하나님께서 믿고 맡기신 우리 자녀들을 하나님의 뜻대로 교육하고, 더 이상 우리의 무지로 하나님 나라를 빼앗겨서는 안 된다는 위기의식으로 이제 세상에 도전장을 내밉니다.

　우리의 전략은 4세가 되기 전 2~3세부터 하나님의 사람으로 만든다는 것입니다. 기대하고 기도해 주십시오. 우리 하은교회 유아원을 통해 하늘 백성의 숫자가 다시 늘어나도록 기도해 주세요. 우리 교사들이 지치지 않고 사명감으로 잘 지도할 수 있도록 기도해 주시고 후원해 주세요. 하은 유아원을 통해 깨끗한 지도자가 배출될 것입니다.

Holy win 행사

원망이라는 무서운 함정

'아더 애쉬'라는 흑인 테니스 선수를 아십니까? 지금도 테니스는 흑인에게 진입 장벽이 있지만 아더 애쉬는 윔블던의 영웅이라는 별명이 있을 정도로 대단한 선수였습니다. 그런데 안타깝게도 88년 심장수술을 하다 수혈을 잘못 받아 에이즈에 감염되었습니다. 수많은 위로의 편지 중 누군가 물었습니다. "수혈을 통해 에이즈에 감염된 것에 대해 하나님을 원망하지 않으십니까?" 그러자 그는 이렇게 대답했습니다.

"전 세계에 5억 명의 어린이가 테니스를 배우고, 5천만 명이 테니스 경기를 하며, 50만 명이 프로 테니스 선수이고, 5천 명이 그랜드슬램 대회에 출전해 보고, 50명이 윔블던에 출전하고, 4명이 준결승전에 오르고, 단 2명이 결승전에 오릅니다. 그리고 저는 윔블던에서 우승했습니다. 윔블던 우승 트로피를 들었을 때, '하나님, 왜 하필 저입니까?'라고 묻지 않았습니다. 마찬가지로 지금 이 고통의 순간에도 '하나님, 왜 하필 저입니까?'라고 묻지 않습니다."

고난은 힘든 것입니다. 그 힘든 고난이 오면 제일 쉽게 빠지는 함정이 원망입니다. 보통 때는 말로 인해 넘어지지 않던 사람도 고난 중에는 쉽게 오해하고 원망하다가 넘어집니다. 고난으로 인해 약해진 인생이 원망으로 곧장 붕괴되는 것을 자주 보게 됩니다.

작가 신봉승 씨는 《남을 욕하는 손가락에 대하여》란 책에서 이렇게 말합니다. "자동차를 몰고 다니지 않을 때는 보행자였으므로 자동차를 매도하고, 자동차를 몰고 다닐 때는 운전자였으므로 보행자를 매도하고, 자동차가 늘어나서 홍수일 때는 길이 뚫리지 않으므로 신호등을 매도하고, 모든 날 모든 때 모든 것을 매도하면서 내게는 성한 곳이 없었다."

원망은 나를 파괴시켜 성한 곳이 없게 만드는 힘이 있습니다. 이스라엘 백성이 광야에서 멸망한 이유가 원망이었다는 것을 잊지 맙시다.

아더 애쉬의 본보기는 흑인들의 방향전환의 이정표가 되었습니다. 어둔 마음의 상태를 밝은 마음으로, 원망과 저주의 태도에서 감사와 긍정의 태도로 삶의 방향을 바꾸었습니다. 마음이 바뀌면 행동이 바뀝니다. 행동의 변화는 굳어진 상황을 깨고 새싹이 돋게 만듭니다. 아더 애쉬가 흑인들의 가슴에 심어 준 감사와 긍정의 빛이 없었다면 지금의 오바마도 등장하기 어려웠을 것입니다. 우리도 오바마를 만들 수 있습니다. 그것은 우리 모두가 같은 마음으로, 같은 열정으로 하나님을 바라는 것입니다.

손가락, 눈, 가슴

사람을 선택하고 판단하는 세 가지 도구가 있습니다. 바로 손가락과 눈, 가슴입니다. 대부분 사람들은 손가락 끝으로 판단합니다. 그들의 잣대는 명쾌하고 날카롭습니다.

"이 사람은 보수적이고, 저 사람은 진보적이다."

"이 사람은 경상도 출신이고, 저 사람은 전라도 출신이다."

눈으로 판단할 때는 있는 그대로 보니 차라리 다행입니다. 다만 보는 눈에 따라 선입견이 끼어들지 않을 리 없습니다. 있는 그대로라도 평가하면 고맙기까지 합니다.

가슴으로 이해해 주는 사람은 얼마나 귀한지 모릅니다. 한 수 접어 주고 넘어가기 때문입니다.

성경은 인간의 상식과 고정관념, 허위의식의 토대를 허물어뜨리고 있습니다. 하나님의 마음이 그렇습니다. 하나님께서는 사람을 늘 가슴으로 바라보십니다. 그 중심을 보고 판단하시는 분이 하나님입니다.

예수님의 열두 제자 중 으뜸은 베드로입니다. 그런데 우리도 잘 알듯이 베드로는 참 흠이 많은 사람이었고 불 같은 성격을 가진 사람입니다. 그런 사람이 어떻게 큰 사람이 되었을까요?

초대교회에서는 왜 예수님이 자신을 배신할 가롯 유다의 존재를 미리 일러 주시지 않았을까 토론했다고 합니다. 성 어거스틴이 이런 결론을 내었는데요. 그것은 바로 '베드로의 성격 때문'이라고 합니다. 베드로가 만약 그 사실을 알았다면 그 자리에서 가롯 유다를 당장 때려 죽였을 것이라는 것입니다.

예수님께서는 베드로의 약점을 있는 그대로, 부끄러움을 있는 그대로 용납하셨던 것입니다. 그분의 넓은 품을 닮고 싶습니다.

우리는 늘…… 용서받은 죄인입니다.

이웃을 위한 솔리스트 앙상블 공연

하나님의 디자인

나이 듦을 보여 주는 몇 가지 증거가 있습니다. 손담비의 '미쳤어', 소녀시대의 'Gee' 등 최신가요의 가사를 알아들을 수 없을 때, 거울 속에서 입과 눈가에 주름이 보일 때, 밤새 놀자고 해놓고 10시부터 졸리기 시작할 때, 사리에서 일어나면 무릎에서 우드득 소리가 날 때, 리모컨이 냉장고에서 발견될 때 등입니다.

나이가 들어 늙어 가는 것은 하나님의 멋진 디자인입니다. 배가 나오고 얼굴은 못생겨지고 몸의 기력도 약해집니다. 점점 더 육체에는 소망을 갖지 못하게 만듭니다. 그래서 장차 가야 할 천국을 준비하게 만드시는 것입니다. 혈과 육은 천국으로 가져갈 수 없습니다. 천국에 가져갈 수 있는 것은 내면의 아름다움뿐입니다. 그래서 하나님은 '겉사람은 낡아지나 우리의 속사람은 날로 새로워지게'고후 4:16 디자인하셨습니다.

하나님의 디자인은 그저 '나이 듦'이라는 심플한 디자인이 아닙니다. 나이가 들어 지혜를 베풀도록 디자인하셨습니다. 그래서 나이가 들수록 영감의 조언이 가능한 존재가 되어야 합니다. 경험을 정리하고 전달할 수 있는 능력이 필요합니다.

또 한 가지는 축복하는 모습이 있어야 합니다. 진정한 힘은 축복에서 나옵니다. 아이들을 키워 보니, 아이들은 당위성을 말하는 사람의 말에 귀를 기울이지 않습니다. '자기를 축복하는 사람'의 말을 듣습니다. 나이 들어서 가장 크게 영향을 미치는 사람은 '축복하는 사람'입니다. 자꾸 축복하십시오. 할머니가 좋은 이유는 혼낸 적이 없기 때문입니다. 항상 축복하고, 뭐든 축복하십니다. 할머니는 도피성이요 피난처입니다. 왜 조부모 밑에서 자란 아이의 마음이 풍성합니까? 축복을 많이 받고 자라서 그렇습니다.

삶을 디자인하신 하나님은 죽음도 디자인하셨습니다. 단풍은 떨어질 때 가장 아름답듯이 인생도 죽을 때 가장 아름다울 수 있습니다. 그것이 하나님이 디자인하신 인생의 아름다움입니다. 만나는 사람에게 지혜를 베풀고 축복을 베푸는 명품 디자이너의 옷을 입는 하늘 백성이 되시기를 축복합니다.

사랑방 퀴즈대회

희망을 초청하라

겨울 추위가 아무리 혹독하다 할지라도 봄을 막을 수는 없습니다. 겨울이 봄을 막아 보려고 꽃샘추위를 보내고, 새봄을 질투하여 흰 눈을 보낸다 할지라도 봄의 기운을 막을 수는 없습니다. 그래서 우리에게 필요한 삶의 지혜는 겨울을 보내려고 애쓰는 것이 아니라 조용히 봄을 맞이하는 것입니다. 이것이 하나님께서 만들어 놓으신 삶의 매뉴얼입니다. 절망을 내보내려고 애쓰지 말고 평강 가운데 희망을 초청하십시오. 소망의 하나님을 조용히 마음에 품으시기 바랍니다.

"소망의 하나님이 모든 기쁨과 평강을 믿음 안에서 너희에게 충만하게 하사 성령의 능력으로 소망이 넘치게 하시기를 원하노라"(롬 15:13).

'봄'과 '소망'은 참 잘 어울리는 커플입니다. 둘은 닮은 곳이 많습니다. 두 단어를 들으면 따뜻함, 희망, 새싹, 부드러움이란 이미지가 떠오르곤 합니다.

힘난한 인생을 변화시키는 것은 따뜻한 마음입니다. 냉정한 인심을 변화시키는 것도 따뜻한 마음입니다. 우리의 마음은 남을 비판하고 판단하고 정죄할 때 차가워집니다. 그러나 남을 이해하고 용서하고 무조건적인 사랑을 베풀 때는 따뜻해집니다.

그래서 봄을 사랑의 계절이라고 하는가 봅니다. 따뜻한 가슴으로 서로 사랑합시다. 부드럽고 따뜻한 것은 모든 것을 품습니다. 미움을 품어 사랑으로, 흉기를 품어 향기로 바꿉시다. 오늘 한 번 사랑하는 이웃들을 향해 나의 살인적인 미소를 날려봅시다. 내가 웃어 주는 그 웃음으로 이웃의 마음을 따뜻하게 해줄 수 있습니다. 땅에는 벌써 봄이 찾아왔는데 우리의 마음은 아직도 겨울이어서는 안 됩니다.

잃어버린 것, 빼앗긴 것, 돌이킬 수 없는 것에 생각의 초점을 맞추면 절망이라는 불청객이 찾아옵니다. 희망의 사도가 되십시오. 십자가가 주는 것은 희망입니다. 우리에게는 희망의 십자가가 있습니다. 희망을 초청하십시오.

동서남북과 상하좌우

세상에는 변하는 것과 변하지 않는 것이 있습니다. 그리고 변해야 할 것과 변해서는 안 될 것도 있습니다. 동서남북은 내가 어디에 있든 변하지 않고, 변할 수도 없습니다. 하지만 상하좌우는 내가 선 위치에 따라 수시로 바뀔 수 있습니다.

동서남북을 상하좌우로 알 때 문제가 생깁니다. 상하좌우를 동서남북으로 착각해도 비극입니다. 상하좌우만 알아서는 방향을 잃었을 때 집을 찾아갈 수 없지만, 동서남북을 알면 시간은 좀 걸리지만 길을 잃고 헤매지 않습니다.

'축기견초'築基堅礎, 터를 다져 주추를 굳게 한다는 말입니다. 터를 잘 다지는 일이 동서남북을 정확하게 아는 일이라는 생각이 듭니다. 무엇으로 터를 다지시겠습니까? 말씀입니다. 말씀 이외에 다른 어떤 것으로도 동서남북을 삼을 수 없습니다. 우리 삶에서 자꾸 말씀이 새어 나가니까 좌우가 바뀌고 상하가 요동치는 것입니다.

세상이 동서남북과 상하좌우를 모르고 있을 때 교회는 동서남북을 바로 알려 주어야 합니다. 이것이 교회의 사명인 줄 믿습니다.

세상은 멀리 보기 위해 망원경을 만들고, 자세히 보려고 현미경을 만들며, 위치를 알기 위해 내비게이션을 만들었지만 그것으로도 보지 못하고 그것으로도 찾지 못하는 것이 있음을 우리는 압니다. 그리고 무엇으로 볼 수 있고, 찾을 수 있는지도 우리는 압니다.

사회가 어수선하고 방향을 잃은 듯 보이는 지금이야말로 역사를 주장하고 개입하시는 예수 그리스도 앞에 엎드려야 할 때입니다. 우리의 모든 잠재력을 이끌어낼 수 있도록 기도와 말씀으로 무장하는 하늘 백성이 됩시다.

특별에서 일상으로

사람들은 특별한 것을 좋아합니다. 그러나 진정한 힘은 특별한 것을 일상화시키는 데 있습니다. 성숙이란 특별에서 보통으로, 기적에서 일상으로 가는 것입니다.

여리고 성의 승리는 전적인 하나님의 도움으로 인한 승리였습니다. 일종의 기적을 통한 특별한 승리인 것입니다. 그러나 그다음 전투지인 아이 성에서 패배를 맛보게 됩니다. 특별한 기적을 일상으로 바꾸지 못한 실패입니다. 그 일 후에 다시 매복과 전략에 의해서 승리하게 됩니다. 기적에서 일상의 전략으로 바뀐 것입니다.

믿음생활을 시작할 때에는 많은 기적이 일어납니다. 어린아이와 같이 날씨를 위해서 기도해도 응답되는 예가 많습니다. 유치해 보이는 기도를 해도 응답될 때가 있습니다. 왜 그렇습니까? 믿음이 어리기 때문입니다. 믿음이 어리기 때문에 하나님도 특별하게 다루십니다. 그러나 믿음이 성장하면, 이제는 말씀과 원리에 의해서 살아가기를 원하십니다.

특별은총에서 일반은총으로 전환되는 것입니다.

광야에서는 이스라엘에게 만나로 먹이셨습니다. 농사를 지을 상황이 아니었기 때문입니다. 그러나 가나안에 들어가자 만나는 그쳤습니다. 이제는 농사를 지어서 먹고 살라는 뜻입니다. 특별은총의 삶에만 안주하지 말고, 일반은총 속에서 땀 흘리며 열매를 거두라는 뜻입니다. 사도행전에는 제법 많은 기적들이 나옵니다. 그러나 서신서에 가면 기적은 거의 찾아보기 힘들고 말씀으로 대체가 됩니다. 무슨 뜻일까요? 이제는 말씀을 붙들고 원리를 의지하여 살라는 것입니다.

특별새벽기도회를 은혜롭게 잘 마쳤습니다. 이제 그 불길이 일상으로 번져 가기를 원합니다. 사순절 기간 동안 거룩한 습관이 우리 몸과 마음에 배어서 절제하며 신앙의 성숙을 이루시기를 기도합니다.

새벽 기도가 우리 삶에 가장 평범한 시간이 되고, 섬기는 일이 일반화되고, 말씀을 사모하는 것이 특별함이 아니라 날마다의 평범함이 되시기를 주의 이름으로 부탁을 드립니다.

작은 단서

어린 시절 '형사 콜롬보'를 재미있게 보았습니다. 콜롬보는 남들이 잘 보지 못하는 작은 단서를 가지고 풀기 힘든 사건을 풀어나갑니다. 상상도 못한, 무릎을 치게 되는 기상천외한 해결방법들이 많았습니다.

톰 행크스 주연의 영화 '포레스트 검프'에서 주인공은 이렇게 말합니다. "엄마는 신발을 보면 그 사람이 어떤 사람인지 알 수 있대요. 어디를 가는지, 어디에 갔는지를……." 작은 단서로 전체를 파악한다는 말입니다.

성경에 자기 하인의 중풍병 때문에 예수님께 나아온 백부장이 있습니다마 8장. 백부장은 로마 군인 중의 엘리트입니다. 로마는 백부장이 강했기 때문에 든든한 군의 체계를 유지할 수 있었다는 논문을 읽은 적이 있습니다. 성경에 나오는 모든 백부장은 다 성실하고 강직한 인물로 묘사됩니다.

자기 문제 때문에 발버둥치는 사람들은 많습니다. 그런데 남의 문제를 가지고 애타게 발버둥치는 사람은 드뭅니다. 더구나 돈을 주고 매매할 수 있는 노예의 병 때문에 발버둥친다는 것은 흔한 일이 아닙니다. 무시해도 좋을 하인을 사랑하는 백부장의 모습을 통해서 그의 전 인격이 어떠한지를 알 수 있습니다.

천한 것을 이렇게 긍휼히 여기고 품는다면, 긍휼히 여기지 못할 사람은 없을 것입니다. 작은 것, 약한 것을 품는다는 것은 모든 것을 품는다는 의미입니다. 백부장은 하인을 사랑할 정도의 사랑의 넓이를 가지고 있었습니다. 그런 사람이 누구를 사랑하지 못하겠습니까? 약한 사람을 이렇게 배려하는데, 어떤 사람을 무시하겠습니까? 이렇게 작은 일에 충성하는 모습을 보이는데, 어찌 큰 일에 충성하지 않겠습니까?

우리가 작다고 생각하는 것은 결코 작은 일이 아닙니다. 작은 단서가 전체를 보여 준다는 것은 무슨 말일까요? 작은 것에서 본질이 드러난다는 것입니다. 작은 것을 속이는 자는 무슨 일에든 속이는 자가 됩니다. 진실하게 사는 사람은 작은 단서로도 자신을 증명할 수 있습니다.

하나님께 작은 일에 충성하는 단서를 보입시다. 그러면 큰 일을 맡기실 것입니다.

노老 목사에게 배운 교훈

지난주 수요일과 목요일에 이틀간 노회 산하 6개 교회가 처음으로 곽선희 목사님을 모시고 연합집회를 가졌습니다. 참 좋은 시간이었습니다. 동역의 맛과 힘을 느낄 수 있었고, 6개 교회가 특별한 준비모임 없이 만났는데 그렇게 이색하지 않았고, 특히 우리 교회 웨이브찬양팀의 뜨거운 열정이 모든 성도들의 마음을 녹이고도 남음이 있었다는 확신이 듭니다.

곽 목사님과 교제를 나눌 기회가 있었습니다. 그분의 경험 속에서 배운 교훈이 있어 우리 가족들과 함께 나누려고 합니다.

첫째, 장수(건강)의 비결에 대해서 말씀하셨습니다.

답은 가리는 것 없이 잘 먹어야 한다는 것입니다. 그러면서 덧붙여 주신 말씀이 더 귀합니다. 식사 시간에는 정치 이야기와 교회 이야기를 절대 하지 말라는 것입니다. 그러면 무얼 먹어도 유익이 되고 건강이 된다는 것입니다. 그렇게 해서 건강을 누린 사람이 많다고 하니까 우리도 해 봅시다. 100세를 넘기신 한경직 목사님, 그리고 올해 99세인 방지일 목사님은 커피를 즐기시고 항상 커피에 설탕을 5스푼이나 넣으셨다고 합니다. 그리고 음식은 짠 것을 즐기셨다고 합니다. 그럼에도 장수하실 수 있었던 비결은 늘 감사하며 기쁨으로 드셨다는 것입니다.

둘째, 부흥하는 교회는 앞자리부터 채워지는 교회이고, 쓰임 받는 교인은 앞자리에 앉는 교인이라고 말씀하셨습니다.

우리 교회는 부흥은 하는데 뒷자리부터 채워집니다. 그래서 부흥의 한계가 있는 듯합니다. 칼럼을 통해서도 자주 드리는 말씀입니다. 우리들의 일생에 한 교회를 부흥시키는 일이 몇 번이나 있을 수 있을까요? 그 비결이 앞자리부터 채우는 쉬운 일인데 왜 안 될까요? 그렇게 부흥했다고 하니까 우리도 한번 해봅시다. 여러분, 앞자리부터 채웁시다. 앞자리에 앉는 당신, 우리 교회 부흥의 역군이십니다.

어머니의 이름으로

　어머니 유니게의 믿음으로 아들 디모데가 장성하여 바울에게 사랑받는 믿음의 아들이 되었고, 어거스틴의 어머니 모니카는 믿음으로 아들을 성자로 만들었으며, 존 웨슬리의 어머니 수잔나 역시 믿음으로 아들을 영국을 살리는 하나님의 큰 종으로 길러냈습니다. 그리고 한국의 이 권사님은 믿음으로 온갖 역경을 이겨내고 뉴욕을 뜨겁게 달구는 고 목사를 한 팔로 키워냈습니다. 할렐루야!

　자녀는 부모의 입에서 나오는 훈계로 자라지 않고 부모의 기도와 믿음대로 사는 삶을 보고 성장한다고 합니다.

　새벽녘 교회로 향하던 어머니의 발자국 소리, 잠들기 전 달콤한 자장가처럼 들리던, 그리고 매일 아침 밥을 지으며 자녀의 하루를 축복하던 어머니의 나지막한 기도 소리를 기억합니다. 때론 눈물이 녹아들어 가슴이 먹먹해지던 그 소리를 잊지 못합니다.

　자녀들이 삶의 깊은 수렁 속에서 신음하게 될 때에, 아무런 희망도 남아 있지 않다고 느낄 때에 자녀들의 마음속에 어머니의 기도 소리가 남아 있어 그 사랑의 울림이 곁을 떠나지 않게 합시다. 어려운 이민의 삶, 묵묵히 참아내시며 삶을 통해 하나님의 사랑을 보여 주신 우리 하은교회 어머니들께 큰 박수를 보냅니다.

우리가 부모의 역할을 잘 감당할 때 그것은 하나님의 나라를 세우는 가장 중요한 일일 뿐만 아니라 부모 된 우리 자신에게도 큰 축복으로 돌아올 줄로 믿습니다.

우리의 자녀들이 하나님께 속한 자임을 고백하고, 그들을 양육함에 있어 하나님의 나라와 의를 먼저 구하십시오. 비록 그것이 세상의 눈으로 볼 때 어리석고 부족한 것이라 할지라도 하나님의 기준을 따라 자녀와 함께 걸어갈 때, 우리는 우리의 자녀를 통해 크고 놀라운 능력으로 역사하시는 하나님의 은혜를 체험하게 될 것입니다.

야외예배

코끼리를 포기할 수 있는 마음

한 사람이 있었습니다. 그는 코끼리 한 마리를 갖는 것이 소원이었습니다. 그래서 그는 돈을 모으려고 밤낮으로 노력했습니다. 그러나 생각만큼 잘되지 않았습니다. 사람들은 그에게 묻습니다. "왜 하필 코끼리야? 개나 고양이가 더 쉽지 않겠어?" 하지만 그의 마음은 온통 코끼리에게만 사로잡혀 있어서 어쩔 수가 없었습니다. 그리고 세월은 흘러갑니다. 그는 아직도 코끼리를 살 만한 돈을 구하지 못했습니다. 이제 그가 원하는 것은 코끼리가 아닙니다. 지금 그가 원하는 것은 '코끼리를 포기할 수 있는 마음'입니다.

삶에서 우리를 힘들게 하는 것은 원하는 어떤 것을 이루지 못하기 때문이 아니라 원하는 그 마음을 내려놓을 수 없기 때문입니다.

세상은 우리에게 말합니다. 코끼리를 소유하면 행복할 거라고 말입니다. 그리하여 우리는 코끼리 살 돈을 모으느라 일생의 시간을 다 보낼 것이고, 그다음 코끼리 사료를 마련하느라 허덕일 것이며, 코끼리와 단

한 번도 즐겁게 노닌 적이 없을 것입니다. 그리고 생애 마지막에 이르러서는 결국 그 코끼리 때문에 자신이 한순간도 행복하지 않았음을 깨달을 것입니다.

우리의 욕심은 끝이 없습니다. 만일 우리가 그 욕심을 내려놓을 수 있다면 우리는 이미 코끼리 등 위에 올라앉아 있는 것입니다. 내 안에 있는 코끼리를 비워 예수 그리스도로 채우십시오. 진정한 행복을 누리실 것입니다.

찬양집회

내 생애 마지막 한 달

1년 조금 못 되게 시편을 새벽마다 묵상하였습니다. 우리 인생 역시 그렇듯 다윗 역시 참 굴곡 많은 인생을 살았습니다. 특히 아들에게서, 그리고 믿었던 충복에게서 버림받은 것은 정말 견디기 힘든 아픔이고 상처였을 것입니다. 그럼에도 그의 생애 마지막에서 원망, 미움이라는 단어는 찾아볼 수 없으며, 오히려 그 반대인 찬양과 감사의 목소리가 높았음을 함께 상고하였습니다.

여러분, 저와 함께하는 30일의 새벽 동안 내 삶이 그 정도밖에 남지 않았다고 생각하고 한번 살아 보지 않으시겠습니까? 시편을 통해서 배운 것은, 시편 기자는 제한되어 있는 지상에서의 시간을 위해 지혜를 달라고 간구했다는 것입니다. 우리의 수명이 대개 70년이요, 강건하면 80을 산다 해도 수고와 슬픔뿐인 인생, 그것도 신속히 지나가는 인생이라 했습니다.

살 수 있는 시간이 30일밖에 남지 않았다면, 우리는 모두 명확한 목적의식과 진정 소중한 것들에 새 열정을 갖게 될 것입니다. 야고보 사도는 우리의 생명을 잠깐 보이다가 없어지는 안개에 비유한 바 있습니다. 그런 인생이 영원을 살 수 있는 유일한 길은 하루하루를 하나님의 선물로 받아들이며 매일과 영원 사이의 정점에서 사는 것입니다.

우리는 잘살기 위해서 사는 것이 아니라 잘 죽기 위해서 살아가야 합니다. 잘사는 것도 복이지만 정말 큰 복은 잘 죽는 것입니다. 잘살기 위해서 하는 일보다 잘 죽기 위해 하는 일들이 정말 의미 있는 일들이며 가치 있는 일들입니다.

우리의 삶을 되돌아보며 우선순위를 조정하고, 무엇이 소중하고 의미 있는 일인지를 되짚어 보는 시간이 되었으면 합니다. 생명이 한 달밖에 남지 않았다면, 우리의 삶은 분명 큰 변화를 겪게 될 것입니다. 하나님께서는 우리를 지으셨고, 우리에게 살아야 할 하루를 주셨습니다. 그러므로 우리는 그분의 사랑을 알고 경험하고, 주변 사람들을 사랑하고 섬기며 우리에게 허락된 삶을 뜨겁게 살아야 하겠습니다.

행복한 목회

"고 목사님, 목회가 어때요?"
"예 좋습니다."
"그래요, 목회 즐겁게 하세요. 그러면 됩니다."

지난 노회에서 만난 대선배 목사님의 말씀이 제 마음에 생생합니다. '목회=고난', '목회자=가난'이라는 말이 상식이 되어 버렸습니다. 그래서 사람들은 누군가 목회자의 길을 걷는다고 하면 일단 말리고 봅니다. 저희 부모님은 반대는 안 하셨지만 제가 목회자란 이유 때문에 40이 넘은 아들을 늘 마음 졸이고 바라보고 계시며, 사실 제 아내가 저와 결혼을 망설였던 것도 제가 목회자의 길을 간다는 것 때문이었습니다.

지난주, 한 청년이 제게 찾아와 목회의 길을 가겠다고 멘토가 되어 달라고 했습니다. 참 반듯하고 깨끗하게 자라 온 청년임을 한눈에 알아볼 수 있었습니다. "왜 접니까?"라는 물음에 "행복해 보여서요"라는 청년의 대답이 저를 지금도 울게 하고 있습니다.

아직 길지 않은 목회의 길을 걷고 있는 지금, 끊임없이 어려운 문제들과 아픔, 고난을 맛보는 것이 사실입니다. 교회 구입부터 살림들을 걱정해야 하고, 우리 주님이 십자가의 피로 값 주고 사신 생명들을 돌보며 이끌고 가는 일이 쉽지 않은 일임을 고백합니다. 그렇지만 사실 그런 외적인 환경들이 저의 목회를 흔들지는 않습니다. 목회는 목사 자신에게 있음을 압니다. 인생의 차이는 생각의 차이이듯, 어떻게 생각하고 바라보느냐에 따라 목회도 삶도 달라집니다.

같은 십자가의 예수를 바라보고 어떤 이는 죽으신 예수를 보며 눈물을 흘렸지만 어떤 이는 하나님의 아들 예수 그리스도를 발견했습니다. 목회의 고난 속에도 하나님께서는 목회의 즐거움을 함께 준비해 놓으셨습니다. 문제는 그 즐거움을 얼마나 잘 찾느냐에 있다고 생각한다고 저의 목회철학을 알려 주었습니다.

천재는 노력하는 사람을 이길 수 없고, 노력하는 사람은 좋아하는 사람을 이길 수 없고, 좋아하는 사람은 즐기는 사람을 이길 수 없다고 합니다. 저는 즐기는 사람이고 싶습니다. 그리고 목회도 즐기고 있습니다. 그래서 저는 행복한 목회를 하고 있습니다.

그 청년은 아직 대학을 졸업해야 하기 때문에 좀 더 기도하며 자주 교제를 갖기로 했습니다. 여러분도 기도해 주세요.

오늘, 말할 수 없는 행복함으로 여러분을 만날 것을 한 주간 내내 기대하며 기도하였습니다. 오늘 기쁜 마음으로 즐기시고 행복이 넘치시기를 기도합니다. 특별히 저를 목사로 바라봐 주심을 마음속 깊이 감사를 드립니다.

아! 빵집에 빵이 없다

아빠로서 제 아이들이 뭐든지 잘 먹는 것을 볼 때 그렇게 기쁠 수가 없습니다. 그래서 뭐든지 줍니다. 과자도, 과일도, 빵도. 그러나 식사 때는 과자를 먹는 제 아이가 싫습니다. 왜냐하면 과자를 먹으면 밥을 먹지 않고, 그러면 영양의 균형이 깨지게 되고, 식사 버릇도 나빠지게 되기 때문입니다.

세상에서 욕심나는 것들도 우리의 삶에 필요한 것들이지만 우리가 분명 알아야 할 것은 그것을 먼저 먹게 되면 정작 먹어야 할 것을 먹지 못하는 일이 벌어지게 된다는 것입니다.

베들레헴에 기근이 들자 나오미와 남편은 두 아들을 데리고 모압 땅으로 이민을 갔습니다. 베들레헴은 '빵집'이라는 뜻의 히브리어입니다. 빵집에 빵이 없으니 모압으로 빵을 찾아 떠난 것입니다. 사람들이 교회를 떠나는 이유도 알고 보면 단순합니다. 교회에 하나님의 임재가 없기 때문입니다. 살기 위해서 교회를 떠난다? 교회를 안 가본 것이 아니니다. 가서 보았더니 먹을 것을 찾을 수도 없고, 주는 사람도 없었던 것입니다. 생명을 얻으려고 빵집에 왔는데 인간적인 것만 가득할 뿐 하나님의 것을 발견하지 못한 것입니다. 우리는 영적인 감각을 속히 회복해야 합니다.

나오미가 들었듯이, 빵집에 다시 빵이 가득하게 되었다는 소식을 들려주어야 합니다. 우리 하은교회에 빵이 가득하다는 소식이 전해져야 합니다. 뉴욕에는 영적으로 굶주린 자들이 많이 있습니다. 빵의 소식은 굶주린 자들이 제일 잘 듣습니다. 무섭게 퍼질 것입니다. 배고픈 자들이 듣고 전하기 때문입니다.

우리가 신선하고 따끈한 빵을 만들어내기 위해 모든 일을 감수한다면 우리는 하나님의 미소를 보게 될 것입니다. 하나님께 굶주린 예배자가 되지 않으시겠습니까?

끝이 좋은 인생

야곱은 정말 부러운 인생을 살았습니다. 왜냐하면 끝이 좋은 인생이기 때문입니다. 초창기 야곱의 인생이 바람직했다고 말하는 사람은 없습니다. 하지만 시간이 흘러 말년으로 갈수록 야곱은 하나님께서 부어주시는 복과 은혜를 충분히 누리는 인생을 삽니다.

아브라함은 이삭은 건졌지만 이스마엘을 놓쳤습니다. 이삭도 야곱은 건졌지만 에서는 잃어버렸습니다. 그러나 야곱은 다릅니다. 열두 아들 중 비록 첫째 르우벤이 서모 빌하와 동침하는 죄를 범했고, 시므온과 레위가 끔찍한 대량 학살을 저질렀지만 그런 아들들조차 하나도 놓치지 않고 구원의 반열에 올려 열두 지파를 이루었습니다.

시작부터 완벽한 인생은 없습니다. 야곱은 시간이 가면 갈수록 성장하는 믿음을 지녔고, 마지막으로 갈수록 더 아름다운 모습으로 변화되는 거룩한 인생을 살았습니다.

사울과 다윗의 삶을 비교해 봅니다. 사울의 인생은 오르막과 내리막이 있는 산을 닮았습니다. 처음에는 정말 영광스러운 인생이었지만 시간이 갈수록 점점 추락하는 내리막길 인생이 되었습니다. 마지막에는 신접한 여인까지 찾아가는 추한 인생이 되어 비참하게 죽고 맙니다.

반면 다윗은, 왕으로 기름 부음 받고 난 다음에도 늘 어려움과 고난이 매우 많은 인생이었습니다. 그의 인생은 바닥에서, 광야에서 시작되었습니다. 그러나 그의 인생은 날마다 위로, 위로, 또 위로 올라가는 인생이 되었습니다.

우리의 인생도, 그리고 우리 하은교회도 시작보다 끝이 아름답기를 기도합니다. 그것이 하나님의 은혜입니다. 시간이 가면 갈수록 하나님의 능력을 붙들고 마지막에 아름답게 사는 은혜와 복이 넘쳐나시기를 축복합니다.

내 영혼의 나이테

작년 휴가 때 펜실베이니아 랭커스터에 있는 밀레니엄 극장에 가서 '천지창조'라는 뮤지컬을 관람했습니다. 보는 내내 한국에 계신 부모님과 우리 하은교회 가족들이 생각이 났습니다. 그래서 이번 교사위로회를 그곳으로 정해 '천지창조'를 보여 주고 아미쉬 마을을 지나쳐 왔습니다. 하루 일정으로 벅차긴 했지만 참 좋은 시간을 보내었습니다.

작년에 갔던 길을 또 한 번 지나가는데 옆으로 지나가는 나무들이 부쩍 컸다는 느낌이 들었습니다. 언젠가 새벽기도에 가려는데 자고 있는 아이의 모습을 보며 느끼던 그 느낌 그대로였습니다. '그 녀석들 제법 컸구나……' 그리고 이렇게 생각했습니다. '아마 뜻대로 되지는 않았을 거야.' 마음 같아서는 가지들을 쭉쭉 뻗으며 넓은 잎들을 만들어 직경을 넓히려 했겠지만 어디 뜻대로 되는 일들이 얼마나 있을까요? 온 힘을 다해 뽑아 올린 가지였는데 때론 바람에 눕고, 때로는 눈 아래에 꺾이고, 세찬 비바람을 맞으며 눈물을 삼키고 또 삼키고 나서야 두어 뼘 자신들을 키워내지 않았을까 하는 생각들이 마냥 떠들고 있는 교사들의 재잘거림 사이에서 제 마음 깊숙이 파고들었습니다.

그러고 보면 성장한다는 것은 넘어짐보다 더 아픈 것 같습니다. 넘어짐은 한 번 넘어지고 말지만 성장은 수많은 실수와 상처를 수반하는 모색의 시간을 지나고서야 비로소 찾아오는 것이니까요. 1년 만에 본 나무지만, 그때 키를 재어 보지 않았지만 그 나무가 1년 동안 제법 자란 것처럼 보였습니다. 아니 느껴졌다는 말이 더 맞는 표현인 것 같습니다. 그러면서 보이지 않았지만 그 나무 속에 있는 나이테가 보고 싶었습니다. 우뚝 선 나무들의 나이테에 새겨진 열정과 위축과 모색과 성취의 흔적들을 말입니다.

올해도 반년이 훌쩍 지났습니다. 하루하루 뜻대로 되는 날이 없지만, 그래도 내 영혼의 나이테에 하나님의 열정이 지나온 세월의 깊이만큼 아름답게 새겨지고, 그리고 우리는 그만큼 성장했습니다.

찬양과 옹기장이 공연

사랑의 빚을 졌네요

송구하고 감사합니다. 그리고 부담이 됩니다. 괜한 특권이 아닌가 싶어 걱정도 됩니다. 어른들도 많이 계시는데 어린 사람을 담임목사라 해서 교회에서 너무나 성대하게 생일상을 차려 주심을 감사합니다.

모두에게 감사의 인사를 드리는 것이 옳으나 이렇게 이 지면을 통해 감사함을 아뢰는 것이 좋겠다 생각되어 글을 올립니다.

그 어느 날보다도 특별한 날이었습니다. 어제까지의 '나'를 돌아보고 내일의 새로운 '나'를 생각해 보았습니다. 그동안 꾸었던 꿈이 얼마나 이루어졌고, 그 꿈이 이루어진 다음에 무엇을 할 것인지 꿈 너머 꿈의 비전도 생각해 보는 날이 되었습니다. 그리고 '이제는 태어난 날이 아닌 죽는 날이 더 기념이 되도록 살아야겠구나'라는 결심도 했습니다.

많은 가족들의 축하와 축복 속에 복된 날이 되었음을 감사드립니다. 어법도 맞지 않는 글이지만 너무나 사랑스런 우리 주일학교 아이들의 카드와 찬양, 그래도 의젓한 우리 학생들의 마음이 담겨 있는 큰 카드,

교사들께서 주신 의자, 청년부, 안수집사회와 남녀선교회, 그리고 당회에 진심으로 감사를 드립니다.

받은 것은 고스란히 저의 부담이 됩니다. 이 부담이 또한 저의 사명임을 압니다. 늘 받은 것의 갑절을 줄 수 있는 사람이 되는 것이 기도제목 중 하나입니다.

항상 좋은 기운과 에너지가 넘치는 목사가 되도록 관리하겠습니다. 목사는 성도의 기도를 먹고 삽니다. 부족한 저와 제 가족을 위해 기도해 주시고 사랑해 주심 머리 숙여 감사드립니다.

기도의 불병거

태어날 때부터 앞을 보지 못하는 맹인이 있었습니다. 그는 일본 전통 악기인 샤미센을 연주하고 음식 동냥으로 연명하였습니다. 추운 겨울날 남의 집 대문 앞에 서서 주인이 나와 적선해 주기만을 절절히 고대하며 연주를 했습니다. 그런데 그 절박함으로 일본 최고의 샤미센 명인의 자리에까지 오르게 되었답니다.

우리는 어떠합니까? 하늘 궁전 문 앞에서 목숨 걸고 기도하는 자로서 있습니까? "하나님, 하늘 문을 열어서 내게 적선해 주지 않으시면 나는 죽습니다"라는 타는 목마름으로 목숨 걸고 기도하는 절박함이 있습니까? 대충 기도하고, 미지근한 마음으로 하늘 대문 앞을 어정거리다가 사라지는 것은 아닙니까?

전능하신 하나님의 모든 계획과 목적을 이루기 위해서는 기도의 사람들이 반드시 있어야 합니다. 하나님께서는 기도하지 않는 사람들에게 자신의 비밀과 지혜와 대의를 맡기신 적이 없습니다. 기도에 게으른 사람은 믿음과 사랑을 잃어버리고, 결국 기도 자체를 잃어버립니다. 기도하지 않으면 치명적인 신앙의 퇴보에 빠지고 하나님에게서 멀어지게 됩니다. 기도하는 사람들은 하나님을 돕지만, 기도하지 않는 사람들은 하나님의 약속이 이 땅에서 이루어지는 것을 방해합니다.

기도는 하늘의 불말과 불병거를 호출하는 거룩한 마패입니다. 우리의 기도 소리에 하늘 문이 열리고, 거룩한 불말과 불병거가 우리를 보호하기 위해 쏟아져 내려올 것입니다.

기도를 두 번째 자리로 강등시켜서는 안 됩니다. 만일 그렇게 한다면 그것은 하나님을 두 번째 자리로 내려앉으시도록 하려는 것이 됩니다. 다시 기도의 줄을 잡읍시다. 새벽을 뺏기지 마십시오. 형통의 비결이 여기에 있습니다.

신유의 은사

제가 참 좋아하는 설교가 중에 존 맥아더 목사님이 있습니다. 언젠가 이분은 이런 설교를 하셨습니다.

"지난 수십 년간 목회자로 사역하면서 가장 무력감을 느낄 때가 언제였는지 물어본다면 나는 조금도 망설이지 않고 나의 사랑하는 형제자매가 병원 중환자실에 누워 고통스러워하는 침대 머리맡에 무력하게 서 있는 나 자신을 바라볼 때라고 대답하겠다. 그때마다 나는 정말로 하나님이 왜 내게 이 형제자매를 당장 일으키도록 하는 신유의 능력을 주지 않으셨는지에 대해 말할 수 없을 정도로 안타까움을 느낀다."

저는 맥아더 목사님이 느끼신 감정이 어떤 것일지 충분히 이해할 수 있습니다. 아마도 빵집 진열대에 나열된 빵을 물끄러미 바라보고 있는 배고픈 아들에게 빵 사 줄 돈이 없는 아버지의 마음과 크게 다르지 않을 것입니다.

병과 죽음은 우리 힘으로 피할 수도, 이길 수도 없습니다. 조심하면서 살 수는 있어도 결국은 언젠가 다 맞이해야 할 대상입니다. 이 세상에 인간이 병들고 죽는 것만큼 확실한 사실이 또 어디 있을까요? 병과 죽음 속에서 우리는 하나님을 찾아야 합니다. 하나님의 긍휼을 붙잡아야 합니다.

내게 주신 은혜가 족함을 알고 하나님께 꿇어 엎드리는 나를 보시고 하나님은 우리에게 긍휼을 베푸십니다. 당신의 뜻에 따라 히스기야의 기도에 그의 생명을 연장하셨던 그 긍휼을 하나님께서는 우리에게도 직접 베푸십니다. 무엇보다 병들고 아플 때 그 고통 중에서 비로소 하나님의 하나님 되심을 바라볼 수 있다면 그것보다 더 큰 은혜가 어디 있을까요?

오늘 이 글을 읽는 분 가운데 육체의 고통으로 신음하는 분이 있다면 그 고통 중에서도 하나님의 영광을 사모하는 마음을 주시기를 기도합니다. 그리고 하나님께서 당신에게 그 고통을 치료하시는 긍휼을 베푸시기를 간절히 축원합니다.

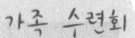
가족 수련회

가족수양회

우리가 하은교회란 이름으로 다시 시작한 지가 2년이 되어 갑니다. 2년 전 포코노에서 하은교회란 이름이 지어졌고, 그때 우리는 "부흥이여 밀려오라"고 선포하였으며 부흥을 꿈꾸었습니다. 그 후 몇 배의 성장을 이루었는지 이 지면에 숫자로 표시하지 않아도 우리는 매 주일 눈으로 보고 있습니다.

자! 또 한 번의 기회가 다시 주어졌습니다. 이번 수양회를 놓치지 않으시기를 간곡히 부탁드립니다. 요즘 영으로 느껴지지 않으십니까? 사탄이 얼마나 우리의 부흥을 시기하고 있는지?

가나안으로 들어가는 이스라엘의 여정에서 처음에는 바로의 박해와 도저히 건널 수 없었던 홍해, 광야에서 배고픔과 목마름, 그리고 가나안에 있던 거민들이 가로막고 있었습니다. 우리가 자주 쓰는 표현대로 그들은 산 넘고 물 건너 가나안으로 들어갔습니다.

우리도 2년 동안 크고 작은 산을 넘었고 물을 건너왔습니다. 건널 때마다 아픔이 있었습니다. 그렇다고 우리는 지금 가나안에 들어와 있는 것이 아닙니다. 여전히 우리는 광야에 머물러 있습니다. 우리에게는 배고픔이 있고 목마름이 있습니다. 그러기에 유혹과 시험은 점점 더 큰 것으로 도전해 오고 있습니다. 여러분, 주의 이름으로 권면합니다. 깨어 있으십시오!

지금은 세상도 교회도 시대적 암흑기입니다. 이는 교회를 혼란케 하기 위해 세상이 택한 방법입니다. 세상이 힘들고 어려우면 교회도 빛을 잃어 가겠지 하는 것입니다. 깜깜하면 불침번을 세워야 합니다. 불침번은 자는 사람을 잘 재우고 다음 사람을 깨우기 위함입니다. 우리 교회가 불침번 서는 교회이길 원합니다.

하은교회 2년은 부흥을 주셨고, 앞으로 2년은……. 가족수양회 가서 말씀드리겠습니다. 꼭 오세요. 지금이 서로 하나 될 수 있는 좋은 기회입니다. 수양회를 위해 무언가 희생이 필요하다면 해주세요. 결단해 주세요. 자녀를 위해서라도 시간을 투자해 주세요. 정말 귀중한 시간이 될 것입니다. 우리 교회가 성령의 핵탄두를 장착하는 날이 될 것입니다. 할 수 있다면 비행기라도 대절해서 모두 가고 싶습니다. 함께합시다. 주저하지 마세요. 오늘 바로 등록해 주세요. 그리고 함께 기도해 주세요. 사랑합니다.

사모하는 만큼 열립니다

지난 주일 오후부터 화요일까지 "하나님과의 만남 Encounting with God"이란 주제를 가지고 청년수련회를 가졌습니다. 한마디로 정말 굉장했습니다. 사실 가족수양회를 앞두고 청년수련회가 있는 것이 여러 가지로 부담스러웠습니다. 그러나 이번 청년수련회는 가족수양회의 워밍업이었음을 깨달았습니다. 그리고 우리 하나님은 기대하는 만큼 주시는 풍요로운 분이심을 눈으로 목격하였습니다.

수련회를 준비하면서 우리 청년들은 내내 목마름이 있었는데, 그것은 기도에 대한 갈급함이었습니다. 그 갈급함은 우리를 기도하게 만들었고, 기도의 맛을 보게 하였습니다. 함께 불렀던 찬양은 우리를 기도로 뛰어들게 만들었고, 말씀 시간 내내 우리 청년들은 마치 거대한 스펀지 아니면 흡착기가 되어 말씀을 빨아들였으며, 이어 기도가 터지기 시작했고, 서로서로 껴안고 기도해 주는 모습과 함께 방언이 터지고 눈물, 콧물, 땀까지, 몸에서 나오는 모든 물은 피만 빼고 다 나왔습니다.

우리가 이 은혜를 받았던 것은 바로 사모함이었습니다. 사모하는 만큼 하늘이 열리는 줄 믿습니다. 하나님께서 미리 청년수양회를 통해 가족수양회를 준비하는 비결을 알려 주셨습니다.

사모합시다. 가족수양회에 정말 은혜의 단비가 아니라 폭풍을 허락하시고 성령의 쓰나미를 달라고 간구합시다. 아이들이 떼를 쓰듯, 발을 동동 구르며 매달립시다. 그리고 기대합시다. 그 기대에 실망시키지 않는 분이 바로 하나님이십니다.

마지막으로 은혜의 현장에 계십시오. 현장Field을 벗어나지 마십시오. 군인이 전장을 벗어날 수 없으며, 은혜를 사모하는 자가 은혜의 자리에서 벗어날 수 없습니다. 예수의 무릎 아래로 이동하였던 베드로처럼 은혜의 자리로 이동하여 폭포수처럼 부어 주시는 은혜를 받아 마지막 시대에 금 촛대를 지키는 거룩한 파수꾼이 되어 주시기를 부탁드립니다.

매미에게 배운다

　매미의 수명은 보통 6년이라고 합니다. 그 6년 중 5년하고도 열한 달은 땅속에서 애벌레로 지낸다는 것 알고 계십니까? 땅속에서 나무뿌리의 즙을 먹으며 지내다가 네 번째 껍질을 벗은 후 정확히 6년째가 되는 여름 어느 날 땅 위로 올라온다고 합니다. 그때 땅 위로 치솟는 힘은 아스팔트도 뚫을 수 있는 정도라고 합니다. 땅 위로 나온 후 다섯 번째 허물을 벗으면 비로소 매미가 된다고 합니다. 그러나 그렇게 어렵사리 매미가 되었지만 불과 4주가 지나면 죽음을 맞이합니다. 결국 매미의 일생은 4주를 보내려고 6년의 세월을 인내하며 기다리는 것입니다. 다섯 번에 걸친 껍질을 벗으며 그늘진 곳에 묻혀 세월을 기다리는 것입니다.

　제 아이는 매미를 보고 노래를 부른다고 하는데 제겐 그 소리가 매미의 통곡소리이며 처절한 몸부림으로 들렸습니다. 매미의 울음소리는 4주로 제한된 기간 안에 암컷을 불러 후손을 이어가야 하는 절박함이 있는 수컷의 몸부림입니다. 새나 다른 짐승들이 이 노랫소리를 듣고 자신을 먹이로 삼을 위험이 있음에도 불구하고 매미는 노래를 멈추지 않습니다. 이렇게 하여 암컷을 만나 자손을 퍼뜨리고 난 후 4주 안에 매미는 일생을 마치고 나서 개미의 먹이가 되거나 다른 벌레들의 먹이가 되는 것입니다.

9월은 하은교회가 시작한 달입니다. 3년이 되었습니다. 아직 우리에게는 더 기다림이 필요합니다. 기다리지 못하면 이루어짐이 없습니다. 너무 서두르지 맙시다. 안 된 것이 부족한 것이지 잘못된 것은 아닙니다. "한 송이의 국화꽃을 피우기 위하여 봄부터 소쩍새는 그렇게 울었나 보다"라는 시처럼 아직 우리는 좀 더 울어야 합니다.

우리 교회, 이보다 더 좋을 순 없다

"좋은 교회, 행복한 성도"라는 표어를 걸고, 같은 티셔츠를 입고, 책자를 들고, 오른 손목에 불평 제로 밴드를 끼고, 함께 울고 웃고 밥을 먹으며 1박 2일을 보냈습니다.

집으로 가는 차 안에서 미소와 빵과 물을 건네주신 우리 교회 최고의 미녀 집사님들의 선물을 받고 하이웨이에 들어서면서 제 아내에게 이렇게 얘기했습니다. "우리 교회 참 좋지?"

수양관 관리자께서도 이렇게 준비를 많이 해온 교회는 처음이라며, 우리가 입은 티셔츠와 책자를 남겨 달라고 부탁하시고 단체사진 찍을 때 자료로 보관하겠다며 자신들의 카메라로 우리를 찍으셨습니다.

운영위원들께 진심으로 감사드립니다. 제가 부탁드린 것은 10이었는데 110을 하셨습니다. 세 번이나 답사를 가셨고, 얼마나 자주 모이셨고 아이디어를 공유하셨는지 느낌으로 알 수 있었습니다. 그리고 은혜는 길가에 묶여 있는 풍선을 보면서부터 시작되었습니다. 갈림길에 하은교회란 표지판과 묶여 있는 풍선은 우리 모두에게 이상한(?) 감동을 주었습니다. 백 마디 말보다 더 진한 무엇인데, 도무지 표현할 길이 없습니다. 그리고 최고의 공로자는 끝까지 함께하셨던 모든 성도들이십니다. 진심으로 머리 숙여 감사드립니다.

이제부터입니다. 1박 2일 동안 함께 나누고 결심하였던 것이 아침과 저녁이 다르듯 달라져서는 안 되겠습니다. 온전한 예배자가 되기 위해 1, 2, 3부 예배에 헌신자가 되어 주십시오. 좋은 교육목사님을 모실 수 있도록 기도해 주시고 헌신해 주십시오. 교회 곳곳에 나의 손때가 묻어나도록 돌아봐 주십시오. 아버지 집입니다. 그리고 이제는 함께 짐을 나누어 져야 합니다. 그래야 오래갈 수 있습니다. 그 짐을 나누어 지기 위해 이제 곧 우리의 헌신이 요구될 것입니다. 그때 온 마음으로 동참하여 주십시오.

우리 교회는 사람이 많아지는 교회가 아니라 사람이 크는 교회가 먼저 될 것입니다. 그것이 진정한 부흥이 아닐까요?

가족수련회

2010 부흥전략 1 - 온전한 예배자가 되라

우리는 전가족수양회종은 교회, 행복한 성도를 정점으로 주일 강단을 통해서도 계속 교회의 부흥에 초점을 맞추고 있습니다. 이제 좀 더 실제적 Practical인 부분으로 들어가야 하겠습니다. 자칫 이론만 풍성하게 다루다가 신짜 해야 할 일을 못할 수 있기 때문입니다. 노아의 방주도 말씀이 선포된 다음, 바로 망치를 들고 방주를 만들었기에 인류의 구원이 있었음을 압니다. 우리가 망치를 들어야 할 부분은, 첫째가 예배입니다.

현재 우리 교회 1부 예배 출석자는 50~60명, 2부 170~185명 사이입니다. 숫자적으로도 너무 2부에 몰려 있다는 것이 보여집니다. 이것은 2부가 본 예배라는 잘못된 고정관념과 시간의 헌신 때문입니다. 우리 교회는 건물의 사정상 150명 이상 수용하기가 힘듭니다. 그 말은 사실상 2부 예배의 부흥은 멈춘 것이라고 판단해도 과언이 아니라는 것입니다. 2부 예배자 중 누군가 적어도 30명 정도가 주일 1부에 헌신하여 주시면 2부는 아직도 그 배인 60명 이상 부흥이 가능할 수 있습니다.

수양회에서 말씀드렸듯이 10월부터 예배의 색깔을 분명히 할 것입니다. 1부 예배는 전통적 예배, 2부는 구도자 예배, 3부는 세대에 맞추는 예배젊은이를 할 것입니다. 고로 2부의 시온찬양대를 폐지하고 1부 찬양대를 새롭게 조직하고, Wave 찬양팀은 1부에 사역하지 않고 2부에 집중할 것입니다. 찬양대의 사역과 찬송Hymn에 목마르신 분은 1부에 헌신하여 주시기 바랍니다. 주일날마저 아침 일찍 나온다는 것이 얼마나 힘들고 어려운 일인 줄 압니다. 그러나 이런 피 흘림이 없이는 결코 부흥을 이룰 수 없습니다. 말로만 부흥을 논하지 말고 우리가 직접 희생함으로 이루어 봤으면 좋겠습니다.

오늘부터 2주간 2010사역지원서를 나누어 드립니다. 결단하시고 서원하십시오. 교회의 부흥이 곧 나의 부흥입니다. 성전이 작다고 말하지 마십시오. 우리에겐 아직도 충분히 큽니다. 조금 불편할 뿐이지, 조금 더 눈을 돌리면 아직도 여유롭게 사용할 수 있습니다.

예배는 모여서도 하지만 흩어져서도 해야 하는 것입니다. 흩어져서 한 예배는 모여서 한 것보다 더 뜨거워야 합니다. 세상 속에서의 싸움이기 때문입니다. 그때 선교가 이루어집니다. 그곳에 부흥이 있습니다. 이 맛을 절대로 놓치지 않기를 축복하여 드립니다.

2010 부흥전략 2 - 서로 짐을 나누어 지라

정말이지 도저히 지나갈 수 없을 것 같은 홍해였습니다. 열두 교회가 오퍼를 넣으면서 값은 상상할 수 없을 정도로 올라가고, 매일 자동차 가스를 넣을 정도로 이곳저곳을 돌아다니며 예배처소를 찾아다녔습니다. 한 달 후 모든 물건들을 다 빼야 한다는 편지는 마치 뒤에서 쫓아오는 바로의 군대와 같았습니다. 그때 우리는 손을 들며 여호수아서를 붙들고 새벽마다 매달렸습니다.

홍해는 갈라져 있었습니다. 그러나 쉽게 건널 수 없었습니다. 눈앞에 놓여 있는 현실은 한 걸음조차 떼기 참 힘들고 어려운 상황이었습니다. 그러나 더 이상 물러설 곳이 없을 때 두 분의 어려운 결단으로 우리는 홍해를 통과하게 되었고, 지금의 부흥을 누리고 있는 것입니다.

사랑하는 동역자 여러분, 이제는 그 짐을 함께 나누어 질 때가 된 것 같습니다. 사실 이미 우리는 짐을 지고 있었습니다. 성전을 구입하기만 했지 매달 감당해야 하는 모기지는 바윗돌보다 더 무거운 부담이었습니다. 모기지 감당하자고 작정헌금 한 적 없습니다. 3년이 지난 지금, 단 한 달도 모기지를 연체한 적이 없으며, 모든 이자도 한 번도 어긴 적이 없습니다.

이미 함께 짐을 지고 가는 가족이기에 조금만 더 나누어 지자는 것입니다. 부담은 곧 사명입니다. 사명을 달게 지는 이는 한 사람도 없습니다. 노아도 비 한 번 안 내리는 기후에, 그것도 산꼭대기에서 방주를 짓는 것이 엄청난 부담이었을 것입니다. 그러나 그 부담감이 가족을 살렸습니다. 짐 위에 짐을 진다는 것은 부담입니다. 그러나 그 부담감이 하은가족을 살리게 될 줄 믿습니다.

이번 명예헌금을 작정하는 것은 꼭 교회의 모기지 부담을 위한 것만이 아닙니다. 우리 자녀들이 100명이 넘습니다. 이미 청년들은 방치 상태입니다. 그럼에도 성실히 자기들의 역할을 감당하는 것을 볼 때 미안하고 감사할 따름입니다. 이들을 이끌 부목사님을 모시려면 마음만 가지고서는 안 되는 것 아닙니까?

그러나 시험이 되신다면 멈추십시오. 결코 강요가 아닙니다. 오해가 없기를 바랍니다. 단 한 명이 참여하여도 좋습니다. 그리고 다른 생각을 가지고 계시다고 이 방법이 틀린 방법이라고 말하지 마십시오. 다른 생각을 가지신 분도 존중합니다. 그리고 이 길도 존중해 주십시오. 거듭 말씀드립니다. 결코 강요하지 않습니다. 함께 짐을 나누어 지자는 호소인 것입니다.

젖은 신발

지난주에 비가 왔잖아요? 요즘 집에 공사를 하느라 신발을 밖에 벗어 놓고 들어와야 해서 밤에 내리는 비 때문에 제 신발이 젖었습니다. 새벽 기도에 가려고 무심코 신발을 신었는데 차가웠고, 그 범인은 밤에 내린 비라는 것을 금방 알 수가 있었습니다.

그런데요, 그 젖은 신발이 어찌나 정겹던지……. 젊은 놈이 옛날 얘기 해서 죄송하지만, 옛날에 젖은 운동화 신기 싫어 어머니에게 떼쓰던 일들이 밤하늘에 달 뜨듯이 또렷하게 떠올랐습니다.

어제가 추석이었지요? 타관 생활에 지쳐, 누구나 숨가쁘게 달려가야만 하기에 이렇게 가끔씩, 아주 가끔씩 옛날 생각들이 나지만 그럴 때마다 우리 마음에 평화가 찾아옵니다.

어떠세요? 이번 주에는 우리 동네에만 있었던 한두 개뿐인 야생초들을 기억해 보시지 않겠어요? 주름진 어머님이 쉬시던 길 옆에 계절을 다투며 피어나기를 주저하지 않았던 그 꽃들, 그리움과 고단함과 애달픔이 있는 이 뉴욕 땅에서 고향집 고갯마루를 머리로 그려 보세요. 한결 마음이 따뜻해지지 않나요?

하지만 사실 우리 고향은 대한민국이 아니라 저 천국이라는 사실을 절대로 절대로 절대로 잊어서는 안 됩니다. 그래서 천국을 고향이라 하지 않고 본향이라 하지 않습니까?. 그곳에는 고향 길에 있는 이름 모를 야생화가 아닌 이 땅에서 베풀고 행한 상급의 면류관들이 우리가 갈 본향 길 위에 가득 놓여 있기를 축원합니다. 그리고…… 그곳에는 젖은 신발이 없을 것입니다.

기다림으로 얻은 성숙

성숙한 사람은 기다릴 줄 아는 사람입니다. 농부는 봄에 씨를 뿌리고, 가을의 추수까지 기다립니다. 예수님은 삭개오에게 회개를 강요하지 않으셨고, 과거의 죄를 추궁하지도 않으셨습니다. 다만 삭개오의 집에 들어가서 같이 식사하자는 제안만 하셨을 뿐입니다. 집에 들어가 같이 식사한다는 것은 유대 문화에서는 상대를 믿고 받아들인다는 뜻입니다. 삭개오는 남의 것을 빼앗은 것은 4배로 갚고, 재산의 반을 가난한 자들을 위해서 나누어 주는 사람으로 변화되었습니다. 성장한 것입니다. 믿어 주고 기다려 주니 완전히 변화된 것입니다.

변화를 원한다면, 일단 상대를 있는 그대로 허용하는 것이 중요합니다. 사랑이란 '너를 너로 허용하는 것입니다.' 하나 됨을 얻기 위한 첫 단계는 관용입니다. 탕자의 아버지가 탕자가 망할 것을 몰라서 집에서 내보냈겠습니까? 알았지만, 헤맬 수 있는 시간과 기회를 준 것입니다. 사랑이란 말씀을 심어 주고 기다려 주는 것입니다.

기다리지 못하는 사람의 중심에는 인본주의적인 자기 교만이 있습니다. 내가 움직이면 가치를 만들어낼 수 있다는 생각입니다. 겸손한 사람은 내가 할 수 있는 일이 없다고 생각합니다. 내가 내 운명을 개척할 수 없고, 하나님께서 나를 이끄시는 것이다 God will drive my life라고 생각합니다. 그래서 신뢰하면서 기다리는 것입니다. 내 삶에서 하나님을 허용하는 것입니다. 이런 깊은 기다림이 있을 때 열매를 맺게 됩니다.

야곱의 인생 중 초반에는 기다리지 못했습니다. 그래서 스스로 머리를 짜내서 팥죽으로 장자권을 빼앗고, 아버지를 속여서 축복을 억지로 받아냅니다. 야곱이 이런 행동으로 얻은 것이 무엇입니까? 결국 쫓기는 인생이 되었고, 외지에서 외로운 망명생활을 해야만 했습니다. 반면에 그의 아들 요셉은 13년의 오랜 고난 속에서도 하나님을 신뢰하면서 기다렸습니다. 자기가 한 일은 거의 없어 보이는데, 모든 것을 다 이루었습니다. 바닥에서 애굽의 총리까지 되는 영향력의 사람이 되었습니다.

사랑하고 기다리십시오. 형제를 너무 쉽게 판단하고 정죄하지 마십시오. 너를 허용해야 나도 허용 받는 자리에 서게 됩니다. 성장에는 시간이 필요합니다. 하나님이 하실 일들을 기대하며 기다리는 교회가 되었으면 합니다.

알래스카 단기선교 Fundraising2

부활주일
연합예배

연리지의 사랑

    연리목連理木이라고 불리는 나무에 대해 들어 보셨나요? 이 나무는 두 그루의 나무가 한 그루로 합일한 것을 일컫는 것이랍니다. 단순히 붙어서 자라는 것이 아니라 각자의 나무껍질을 벗고 세포와 세포를 합치고, 새로운 껍질을 만들어 마치 하나의 나무처럼 살아가는데, 가지와 가지가 합일한 나무를 연리지, 줄기와 줄기가 합일한 나무를 연리목이라고 한답니다.

    연리목을 이루는 것도 쉬운 일이 아니고, 연리지가 되는 것도 대단히 어려운 일이랍니다. 왜인지 아십니까? 바로 바람의 훼방 때문입니다. 가지와 가지가 맞닿아 하나로 합쳐지려 할 때 거센 바람이 불면 줄기에 비해 가늘고 가벼운 가지는 속절없이 흔들릴 수밖에 없기 때문이고, 그러므로 무수한 흔들림 속에서 서로가 합쳐지는 것은 그만큼 어렵다는 것입니다. 그럼에도 불구하고 그 애석한 바람을 넘어서서 끝내 합일을 이루어낸 것이 바로 연리지의 사랑입니다.

두 그루의 나무가 한 그루로 합일한다는 것은 살을 에는 아픔을 견디어야 합니다. 그 아픔은 짧게는 몇 년, 길게는 수십, 수백 년을 거쳐 이루게 되는 완성입니다.

사랑을 완성한 이들은 이제 한쪽 나무의 아래가 잘려나가도 다른 쪽 나무가 공급하는 영양분으로 삶을 지속할 수 있을 만큼 완전하게 하나로 결합할 수 있다고 합니다.

참으로 깊고 깊은 사랑입니다. 저는 한 번도 연리지나 연리목을 본 적이 없습니다. 위의 내용은 인생경영 철학서 《숲에게 길을 묻다》김용규 지음, 북카페에 있음에서 읽은 것입니다.

둘을 합쳐 하나의 새로운 사람을 살아내는 것, 이것이야말로 사랑의 정수인 듯 싶습니다. 그리고 욕심이 나고 질투가 납니다.

우리 교회가 연리목의 사랑을 할 수 없을까요? 서로의 거죽을 벗고, 그 벗겨진 자리에 생기는 서로의 상처를 기꺼이 감싸 안을 수 없을까요? 나의 살을 내어주지 않고서는 이루어질 수 없는 경지는 나무에게만 일어나는 자연현상일까요? 교회에서는 이루어질 수 없는, 사람에게는 도저히 일어날 수 없는 경계Edge일까요?

참으로 사랑하기 위해서, 그래서 하나님의 은혜가 넘치는 교회를 세워가기 위해서, 세포의 칸막이까지도 열어야 하는 연리지의 사랑을 우리 교회가 해보았으면 좋겠습니다.

은사로 일하라

은사가 무엇일까요? 먼저 말의 뜻을 풀이하자면 '잘하고 좋아하고 옳은 것'이 은사입니다.

잘하는 것이 은사입니다. 노래를 잘하면 노래의 은사가 있고, 미술을 잘하면 미술에 은사가 있다고 말합니다. 은사는 같은 일을 해도 월등한 결과를 가져오는 것입니다. 김연아 선수는 피겨 스케이트의 천재입니다. 같은 노력을 해도 결과는 월등합니다. 신기록을 수립하고 곧 동계올림픽의 금메달에 도전한다고 합니다. 은사가 있기 때문입니다. 열심히 하는 것도 중요하지만 잘하는 것이 중요합니다.

달란트 비유에서도 보면 남긴 것을 강조합니다. 남긴 것이 있다는 말은 잘한다는 말입니다. 잘하려면 열심히 해야 합니다. 열심히 하다 보면 잘하는 것을 발견하게 됩니다. 잘하는 것을 발견하고 잘하는 것을 하다 보면 남기는 것이 나올 것입니다.

좋아하는 것이 은사입니다. 좋아하는 것을 할 때의 장점은 힘들지 않다는 것입니다. 타고난 체력이 있기 때문이 아닙니다. 좋아하는 일을 하기 때문입니다. 좋아하면 지치지 않습니다.

> "너희 안에서 행하시는 이는 하나님이시니 자기의 기쁘신 뜻을 위하여 너희에게 소원을 두고 행하게 하시나니"(빌 2:13).

하나님은 좋아하는 것을 마음에 심으시고, 그것으로 살기를 원하신다는 말씀입니다.

마지막으로 은사는 옳은 것입니다. 이것은 가장 기본이 되는 것입니다. 성경의 언어로 '죄'란 '과녁을 벗어났다'라는 뜻입니다. 목표가 틀리면 정확함과 열심이 의미가 없습니다. 어떤 사람이 도둑질을 잘하고 또 도둑질을 좋아한다고 합시다. 그런데 도둑질은 옳은 것이 아닙니다. 그래서 좋아하고 잘하지만 은사가 될 수 없습니다. 도박을 잘하고 도박을 좋아하나 옳은 것이 아닙니다. 그래서 도박은 은사일 수 없습니다.

은사는 많은데 풀리지 않는 인생이 있습니다. 옳은 곳으로 이끄는 인도하심을 받지 못해서입니다. 은사보다 앞선 것이 성령입니다. 그래서 '성령의 은사'입니다.

은사 아닌 것에 매달려 인생을 낭비하지 맙시다. 나에게 맞는 은사를 발견하고 그 은사대로 살면 인생이 쉬워지고 열매는 더 많아질 것입니다. 그래서 2010년 하은교회가 더 풍성해지기를 기도합니다.

베를린 장벽이 무너진 이유

　베를린 장벽이 무너진 지 20년이 되었습니다. 20년이 지나서야 드러난 사실인데, 베를린 장벽 붕괴는 작은 말실수에서 비롯되었다고 합니다.
　당시 동독 서기장은 기자들과의 인터뷰에서 앞으로 당국의 허가가 있으면 자유롭게 왕래할 수 있다고 했고, 그 시기를 묻는 기자들의 질문에 연설 페이퍼를 뒤져 보다가 날짜가 명시되어 있지 않아 당황해 '오늘부터'라고 했다고 합니다. 그것이 기사화되어 온 동독 시민들에게 알려졌고, 시민들은 베를린으로 몰려들어왔고, 장벽을 지키던 동독의 군인들은 장벽을 통과할 수 있다고 확고하게 믿는 시민들을 대항할 수 없었다고 합니다.
　실수를 선용하여 일을 하신 우리 하나님의 지혜는 정말 대단하십니다. 우리의 삶에는 종종 이해할 수 없고, 받아들여지지 않는 일들이 일어나곤 합니다. 하지만 그 사건으로 인해 허물어지기 힘든 나만의 베를린 장벽이 무너질 것입니다.
　실존철학에서 쓰는 용어 중에 한계상황Boundary Situation 限界狀況이란 말이 있습니다. 인간이 인간으로서 도저히 넘을 수 없는 벽을 말합니다.

과연 우리는 그 벽들을 넘어설 수 없는 것일까요? 그 벽들은 난공불락의 철옹성일까요? 맞습니다. 적어도 우리들에게는 어찌할 수 없는 벽입니다. 그러나 하나님께는 벽이 될 수 없습니다. 하나님께서 허무시면 됩니다. 하나님께서 허무실 때에는 우리가 생각할 수 없는 방법으로, 도저히 안 될 것 같은 방법으로 하십니다. 우리로 하여금 하나님 됨을 인정하는 법을 가르쳐 주시기 위함입니다.

구약성경 열왕기하 20장에 히스기야 왕이 병들어 죽을 상황에 처하였습니다. 악성 피부암쯤 되는 병이었습니다. 죽음은 인간으로서는 도저히 넘어설 수 없는 벽입니다. 그러나 그 벽은 이렇게 무너졌습니다.

"그때에 히스기야가 병들어 죽게 되매……낯을 벽으로 향하고 여호와께 기도하여 이르되"(왕하 20:1~2).

작은 말실수로 베를린 장벽이 허물어졌다구요? 아닙니다. 기자와 학자들은 그렇게 말할 수 있겠지만 저는 그렇게 보지 않습니다. 그 벽을 위해 밤낮으로 기도하는 사람들이 있었습니다. 기도는 벽을 허무는 능력이 됩니다. 사노라면 스스로의 힘으로 넘어설 수 없는 벽에 부딪히게 되기 마련입니다. 그럴 때에 우리가 선택할 길은 바로 히스기야의 선택입니다. 바로 벽 앞에서 무릎을 꿇고 기도드리는 그 선택 말입니다.

거울 효과 Mirror Effect

　23세에 과부가 된 어머니의 유복녀로 태어난 여자분이 있습니다. 어머니의 희생적인 배려로 유학도 하고, 나중에는 저명한 교수가 되었습니다. 고등학교 이후 교회를 떠났던 그분은 어머니의 권면으로 오랜만에 교회에 나가게 되었고 많은 사람들이 환영해 주었습니다. 기분이 나쁘지 않았습니다. 잠시 교회를 둘러보는데 실망이 컸습니다. 여자들이 모여서 남 험담을 하고, 장로가 다가와서는 아들 대학입학을 청탁하고, 회의실에서는 다투는 소리가 문 밖으로 터져 나옵니다.
　너무 화가 난 교수는 어머니 손을 잡고 집으로 가자고 큰소리를 칩니다. 그때 조용하기만 하던 어머니가 단호하게 묻습니다. "너 무슨 일이니?" 딸이 자초지종을 이야기하자 어머니는 이렇게 말씀하십니다. "나는 평생 교회 다니면서 예수님만 봤는데, 너는 딱 하루 교회 나가서 많이도 봤구나." 이 말에 교수는 무너졌습니다. 어머니의 보는 수준과 자기의 보는 수준은 하늘과 땅만큼 다른 것이었습니다.

사람들은 자기 수준만큼 봅니다. 그리고 내 눈에 보인다고 하는 것은 가까이 있는 것들입니다. 먼 것은 잘 보이지 않습니다. 자꾸 거짓이 보인다면, 내가 거짓에 가까이 있는 것입니다. 자꾸 교만이 보인다면, 내가 교만에 가까이 있는 것입니다. 소매치기의 눈에는 소매치기가 가장 잘 보이는 것입니다. 섬기는 사람 옆으로 가보십시오. 섬김만 보입니다. 기도의 사람 옆으로 가보세요. 기도의 능력을 보게 될 것입니다. 너무 누추한 것이 자꾸 보인다면, 세상을 탓하기에 앞서 내가 서 있는 자리를 점검해 보아야 합니다.

하나님께서는 세상의 사건, 사람을 통해서 자기를 보기 원하십니다. 야곱은 삼촌 라반을 통해서 사기 쳤던 자기 자신의 모습을 보았습니다. 아비의 축복을 도둑질했던 자기를 본 것입니다. 속이는 야곱이 자식들에게도 계속 속고, 아비에게 상처 준 야곱이 자식들에게 더욱 큰 상처를 준 것입니다.

신앙이란 사람과 사건을 통해서 자기를 발견하는 것입니다. 세상은 나를 보게 하는 거울입니다. 자기를 봐야 변화가 가능합니다. 상처받은 사람이 또 다른 상처를 주는 악순환을 끊어야 합니다. 남을 향한 신랄한 비판을 자기를 변화시키는 능동적인 에너지로 변화시켜 보세요. 그것이 하나님께서 기뻐하실 일입니다.

이른 비, 늦은 비, 그리고 큰비

주일날 집에서부터 교회로 예배를 드리러 오기까지는 대략 20가지 이상의 이런 저런 생각들이 머릿속을 휘젓고 다닌다고 교회 전문 설문기관이 보고한 것을 읽었습니다. 우리는 예배 속에서 예배를 잃어 가고 있습니다. 저는 하은교회에 부임하면서부터 지금까지 예배의 변화를 시도해 왔습니다. 물론 변화가 모두 옳고 좋은 것은 아닙니다. 그래서 예배의 순서 하나를 조정할 때도 극히 조심스럽습니다. 조심스러운 일인데도 시도하는 것은 모험을 즐기는 성격이라서가 아니라 더 이상 예배를 잃어 하나님 마음까지 잃어버리는 예배자가 되고 싶지 않아서입니다.

오늘부터 우리 입에서 1부, 2부, 3부 예배라는 단어가 사라졌으면 좋겠습니다. 이제부터 이른 비, 늦은 비, 그리고 큰비 예배라는 말이 우리 입에 꼭 붙어야 합니다. 성경은 성령의 놀라운 역사에 대하여 말하고 있습니다. 그리고 성령을 성경의 독자들에게 '비'로 표현하여 이해하기 쉽게 전달했습니다. 비는 하늘에서 부어 주시는 것이기 때문입니다. 하나님께서 소나기를 마른 땅에 부어 주시는 것처럼 성령을 그분의 백성들 위에 부어 주시겠다고 약속하셨습니다. 이스라엘 경제의 전체가 이른 비와 늦은 비에 달려 있을 정도로 비는 매우 중요합니다. 이른 비는 씨를 뿌리는 가을철, 늦은 비는 수확의 시기인 봄철에 내립니다 우리나라와 반대입니다. 하나님께서는 인간이 가장 잘 이해할 수 있는 표현을 사용하셔서 귀중한 성령의 역사를 설명하신 것입니다.

예배를 통해서 반드시 우리가 경험해야 하는 것은 성령의 임재입니다. 이른 비 예배, 늦은 비 예배 시간에 하늘에서 부어 주시는 성령의 비를 맞으시기를 바랍니다. 그리고 우리 젊은이들이 오후에 큰비에 흠뻑 젖기를 기대합니다. 그래야 우리가 잘살 수 있고, 바로 살 수 있습니다. 성령의 비를 맞지 않고서는 절대 부흥이 있을 수 없고, 자람이 있을 수 없습니다. 우리 교회는 자라나야 하고 회복되어야 합니다. 그래야 세상을 치유할 수 있습니다.

이른 비 예배에 나아오십시오. 축복의 씨앗이 심겨지는 축복이 임할 것입니다. 늦은 비 예배에 나아오십시오. 풍성한 추수를 경험하실 것입니다. 젊은이들이여, 큰비 예배에 나아오십시오. 세상을 여러분에게 맡기실 것입니다. 옛날 에덴 동산을 아담에게 맡기셨던 것처럼 말입니다.

가난한 자의 마음을 아신 예수님

예수님은 가난한 목수의 아들로 태어나셨습니다. 말구유에서 태어나셨습니다. 지금으로 말하면 공용주차장에서 태어나신 것입니다. 그래서 예수님은 가난한 자의 마음을 아십니다. 가난 때문에 고통당하는 자의 마음을 아십니다.

가난이 다 나쁜 것은 아닙니다. 가난 때문에 겸손해지고, 가난 때문에 하나님 말씀을 듣는 귀가 열립니다. 그렇지만 역시 가난은 힘든 것입니다. 생존과 관련되어 있기에 가난은 우리를 두렵게 만듭니다. 걱정하게 만듭니다. 그런 까닭에 하나님은 가난한 자를 긍휼히 여기십니다. 가난한 자를 돌보시고, 가난한 자를 위로하십니다.

이해인 수녀님의 《사랑할 땐 별이 되고》 중에서 이런 시가 있습니다.

사랑하는 이가
내 마음을 헤아리지 못하고 서운하게 할 때는

말을 접어 두고 하늘의 별을 보라
별들도 가끔은 서로 어긋나겠지
서운하다고 즉시 화를 내는 것은
어리석은 일임을 별들도 안다

우리는 사랑하는 사람이 나를 서운하게 하면 더 쉽게 화를 내곤 합니다. 사랑하는 사람이기에 그래서는 안 된다고 생각하기 때문입니다. 하지만 그 서운함을 사랑하는 사람이 주는 선물이라고 생각하고, 기쁨으로 승화시킬 수 있는 것, 그것이 바로 진정한 사랑이 아닐까요?

하늘을 봅시다. 아마 동방박사도 그렇게 하늘을 보다가 별을 발견하고 주님 나신 곳으로 달려가지 않았나 싶습니다. 주님의 마음, 가난한 마음으로 서운해하기보다, 미워하기보다, 원망하기보다 사랑함으로 하늘을 보면 내 인생을 바꾸어 놓을 별을 보게 될 줄로 믿습니다.

Merry Christmas!

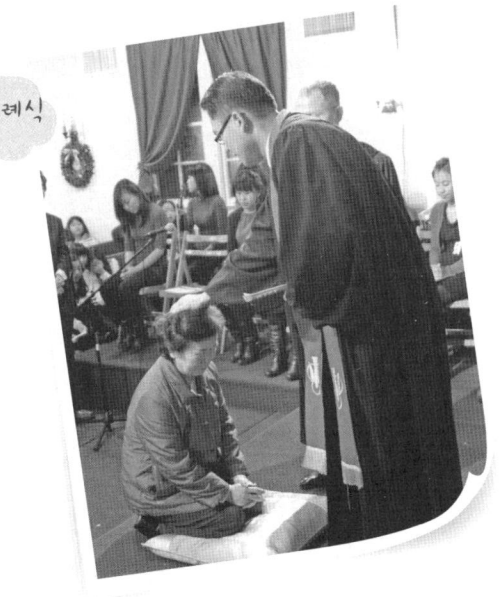

4부

2010

주님의 위로를
전하는 교회 (사 40:1)

이렇게 기도해 주세요!

첫째, 하나님, 우리 하은교회가 진정한 예배가 있는 집이 되게 해주세요.

우리 주님께서는 새로운 시대가 오면 하나님의 자녀들이 신령과 진정으로 아버지를 예배할 것이라고 하셨습니다요 4:23. 더 이상 전통이나 형식이나 습관에 따라 하는 예배가 아니라 오직 하나님만을 바라보며 내 마음과 살을 태우는 21세기의 번제가 우리의 이른 비, 늦은 비, 그리고 큰비 예배가 되길 원합니다. 우리 모두의 예배에 대한 사모함과 진실함이 세상의 문화를 압도할 수 있는 강력한 예배의 삶이 되도록 기도해 주세요.

둘째, 하나님, 우리 하은교회가 기도로 무장하는 집이 되게 해주세요.

마가복음 11장 17절에 주님께서 교회는 "만민이 기도하는 집"이라고 하셨습니다. 성도들의 기도가 끊어진 곳은 하나님께서 거하시는 곳이 될 수 없습니다. 에베소서 6장 10절부터 하나님의 전신갑주가 설명되는데, 18절과 19절에 기도라는 말이 무려 다섯 번이나 강조되어 있습니다.

하나님의 전신갑주는 기도를 통해서만 유효하다는 뜻입니다. 강한 무기를 가지고 있으면 무엇 합니까? 그 무기를 사용할 수 있는 것이 능력이지요. 우리 교회가 기도에 강한 인재들이 키워지는 교회가 되었으면 좋겠습니다. 새해 새벽기도가 더 뜨거워지도록 기도해 주세요.

셋째, 하나님, 우리 하은교회가 열방을 품는 집이 되게 주세요.

지난해 성령의 기름 부으심이 우리 교회에 넘쳤습니다. 이제 그 바람을 타고 열방을 복음으로 섬겨야 합니다. 우리 교회가 하나님의 말씀을 세계에 전하는 전달자가 되는 교회가 되었으면 좋겠습니다. 그리고 우리에게 맡기신 기업이 이 일에 쓰임 받는 도구가 되었으면 좋겠습니다. 북녘 땅, 아프리카, 알래스카, 그리고 우리의 이웃……. 모든 영역에 복음이 들어가도록 힘쓰는 교회가 됩시다.

넷째, 하나님, 우리 하은교회가 문화가 흥왕하는 집이 되게 해주세요.

문화란 그 문화권 아래 있는 사람들의 생각과 삶의 패턴까지 주관하는 굉장한 것입니다. 다윗은 새로운 예배의 시대를 꿈꾸며 먼저 찬양 문화를 유대인들에게 뿌리내리게 했습니다. 신령한 문화의 힘을 알았던 것이지요. 우리 하은교회를 통해서 다음세대, 그리고 한인 이민사회에 놀라운 부흥의 불길이 끊임없이 불타 오르기를 사모합니다.

"여호와여, 우리가 주의 계신 집과 주의 영광이 거하는 곳을 사랑합니다."

이미지 관리와 성령의 능력

오늘날 사람들은 이미지에 관해서 관심이 많습니다. 좋은 이미지를 만들기 위해서 참으로 많은 노력을 합니다. 교회도 마찬가지입니다. 요즘 교회의 이미지가 많이 좋지 않아 전도하기가 참 힘든 때입니다. 그런데 교회가 이미지에 조점을 맞추는 것이 옳은 것일까요? 성도의 삶의 에너지를 자신의 좋은 이미지를 심는 데 집중하는 것이 맞는 것일까요?

종종 맛집을 갑니다. 맛집들은 조금 불친절합니다. 줄을 서서 기다려야 합니다. 실내장식도 그리 신경 쓴 것 같지 않습니다. 그런데 맛이 있으니 참고 기다렸다가 먹고 갑니다. 맛집은 이미지로 승부를 보지 않습니다. 맛집은 맛이라는 능력으로 승부를 겁니다. 죽어 가는 사람도 살린다는 명의 이야기를 들었습니다. 그 의사에게는 광고하지 않아도 입에서 입으로 알려져서 사람들이 몰려듭니다. 그 의사를 만나려면 3년 전에 예약해야 한다고 말합니다. 이미지가 아니라 능력입니다. 이미지가 아닌 실력을 길러야 합니다.

캘리포니아에 세계에서 제일 큰 나무와 제일 오래된 나무가 있습니다. 세콰이어 산에 있는 나무라 세콰이어 나무라고 합니다. 보통 2천 년에서 3천 년이 되었다고 합니다. 이런 거목이 남아 있을 수 있는 이유는 고난을 극복했기 때문입니다. 산 위에는 엄청난 바람이 붑니다. 그러나 이 나무는 100그루, 200그루의 나무의 뿌리가 서로 얽혀 있어서 아무리 바람이 불어도 동시에 200그루의 나무를 뽑을 정도의 힘이 아니면 뽑히지 않는다고 합니다. 또 이 산에는 10년 주기로 자연 산불이 난다고 합니다. 나무에 불이 붙어도 겉의 이끼와 낙엽을 태워서 오히려 비옥함의 유익을 누린다고 합니다. 세콰이어 나무가 죽는 경우는 딱 하나, 벼락에 맞아 쓰러지는 경우뿐이라고 합니다.

세계에서 제일 큰 나무는 고난을 극복하는 실력에서 나온 결과입니다. 산 밑의 작은 바람이 부는 곳에서는 큰 나무가 없습니다. 오히려 열악한 조건 속에서 거목은 자라납니다. 고난 없는 위대함은 존재하지 않습니다. 만고의 진리입니다.

능력은 설명 안 해도 아는 것입니다. 성도와 교회에 성령의 불이 떨어지면 뜨겁게 탈 것이고, 사람들에게 말해 주지 않아도 그것들을 알게 됩니다. 살아 있는 교회와 죽은 교회는 주변 불신자가 더 먼저 압니다. "저 교회는 지독하게 기도하는 교회야. 저 교회는 기회만 되면 선교하는 교회야"라고 말합니다. 귀신도 귀신같이 성령의 능력을 압니다. 이미지 관리보다 영성을 관리하는 우리 교회가 되었으면 좋겠습니다.

복음의 능력을 체험하라

"2월 첫 주, 베이사이드의 한 교회로부터 불어온 성령의 강한 고기압의 영향으로 뉴욕 일대에 큰 폭풍이 일겠습니다. 강한 성령의 폭풍으로 인한 영향과 거룩한 피해는 아무도, 어느 누구도 예측하기 어려울 것입니다. 곳곳에서 회개 운동이 일어나고, 구원받은 자가 많아지고, 사랑의 파도가 높이 일 전망입니다. 믿는 성도들을 괴롭히는 사탄은 일찌감치 대피하는 것이 좋을 듯 싶습니다. 더불어 이 폭풍은 마음의 상처와 육신의 약함을 깨끗이 씻어 줄 것으로 보입니다."

우리는 이 거룩한 폭풍을 맞을 준비가 되었습니다. 성령의 폭풍이여 불어 주소서! 그리고 복음의 능력을 체험하여 이것이 평생에 우리의 간증이 되게 하여 주옵소서.

Come! 기대하는 마음 들고 오십시오. 그리고 3일 동안 기도하십시오. 바로 나를 위한, 그리고 우리 교회를 위한 집회가 될 것입니다. 흥분됩니다. 이 집회를 통하여 하나님께서 우리 교회에 던져 주실 말씀들이 무엇일까? 그리고 무엇을 맡기실까? 이 집회를 통하여 우리는 반드시 치유될 것입니다. 회복하십시오. 주님의 명령입니다.

성숙에 이르는 길

지난 부흥성회에 호성기 목사님께서 주신 말씀 중 교회는 부흥하는 데서 머무르지 말고 성숙함에 이르러야 한다는 말씀이 제게 큰 파도처럼 밀려왔습니다. 사실 요즘 제가 고민하고 있는 문제인지라 이 말씀이 바로 흡수되었습니다.

이런 생각을 해보았습니다. '우리가 부흥을 즐기고 있는 것이 아닌가?' 모두가 이야기합니다. 뉴욕에서 단기간 내에 부흥한 교회, 그리고 빠른 속도로 부흥하고 있는 교회……. 3월에 시작되는 유아원이 벌써 인원이 초과되었습니다. 유년주일학교도 방이 부족하다고 해서 제 방도 내어주었습니다. 우리 학생들은 주일날 처음 온 아이들 중에 같은 이름이 3명이나 될 정도로 밀려들고 있습니다. 그런데 이런 말을 들으면 들을수록 밀려오는 불안감은 무슨 이유일까요? 여러분은 그렇지 않으세요? 맞습니다. 우리 교회가 아직 성숙한 교회가 아니기 때문입니다. 아닌 것을 알았으면 이제는 성숙을 위해 노력해야 하겠습니다. 성숙하지 못한다면 우리가 하는 일들이 하루아침에 무너질 수 있는 허사虛事가 될 수 있기 때문입니다.

그렇다면 성숙으로 이르는 길은 무엇일까요? 답은 명확합니다. 말씀을 지켜 행하는 것입니다. 2010년 우리가 붙든 사명은 "내 백성을 위로하라"는 말씀입니다. 이제 형제와 이웃을 넘어 온 민족에게로 나아가고자 합니다. 이 사명이 우리를 성숙하게 만들어 줄 것입니다.

오늘 주보와 함께 나누어 드린 선교헌신서를 잘 읽으시고 선교에 참여하시기를 권면합니다. 선교는 미루는 일이 아닙니다. "너희는 먼저 그의 나라와 그의 의를 구하라"고 하셨습니다. 먼저 해야 할 일이 있습니다. 이 일은 먼저 할 일입니다. 학생부에서부터 어른에 이르기까지 우리 모두가 성숙한 교회를 꿈꾸며 이 사명을 이루었으면 좋겠습니다. 선교의 사명을 행하다 보면 하나님께서 나를 향하신 뜻을 알게 됩니다. 이 일이 우리 하은교회가 부흥을 넘어 성숙한 교회로 나아가는 지름길임을 확신합니다. 미루지 마십시오. 지금 결단하십시오.

새가족 Reunion

40일 교육부 방 만들기 프로젝트

우리는 사순절 특별새벽기도회에 결코 잊을 수 없는 감격이 있습니다. 그것은 지금 우리가 예배하는 성전입니다. 정말 불가능한 상황 속에서 가능케 하신 기적이었음을 우리 모두가 인정하지 않을 수 없습니다. 이번 사순절 특별새벽기도회에도 사모하는 영혼에 은혜를 물 붓듯 쏟아 부어 주실 줄 믿습니다.

하나님께서 우리에게 성전을 맡겨 주셨습니다. 루터란 교회에 맡기셨던 달란트를 저희에게 맡겨 주신 것입니다. 하나님 보시기에 뜨거운 기도가 있고 간절한 예배가 있기에 우리에게 다섯 달란트를 맡겨 주신 것입니다. 이제 우리가 그 다섯 달란트를 더 남겨 루터란 교회가 하지 못한 일들을 해보면 어떻겠습니까?

하나님은 성전만 맡겨 주신 것이 아니었습니다. 바로 우리의 자녀들을 맡겨 주셨습니다. 지금 우리 자녀들이 방마다 넘쳐나고 있습니다. 우리도 중간에 의자를 놓고 예배를 드리는데 아이들은 더 좁은 공간에서 얼마나 힘들겠습니까? 한 번이라도 주일학교와 학생부가 예배드리는 모습을 보신 적이 있으신가요? 없으시다면 이 기회에 말씀드립니다. 내 자녀가 있어서가 아니라 하은교회에 다니는 아이들은 모두 우리의 자녀이고 하나님께서 맡겨 주신 달란트들이니 관심 백배하여 주시기를 부탁드립니다.

그래서 기도와 무기를 동시에 들려고 합니다. 무릎으로 기도하고 손으로 일하면서 아이들을 위한 예배공간을 만들어 주면 어떨까요? 저는 그것을 '40일 방 만들기 프로젝트'라고 이름을 붙이겠습니다.

우리가 힘과 지혜를 모으면 아이들에게 좋은 환경을 줄 수 있습니다. 찬양을 연습하는 지하의 방과 그 옆의 방을 정리하는 것입니다. 창고 안의 물품을 정리해 놓기 위해 교회 뒤편에 지어질 작은 스토리지도 주문해 놓았습니다. 예산도 약 3,000달러 정도입니다. 이것은 모든 작업을 우리 스스로 하는 경우의 계산입니다.

우리 청년들이 헌금하고 함께 힘을 합해 리모델링한 청년부실을 보십시오. 얼마나 아름다운 방이 되었는지 모릅니다. 이번에는 우리가 아이들을 위해 그런 공간을 만들어 주었으면 좋겠습니다. 내 집을 리모델링하는 마음보다 더 설레는 마음으로 동참하여 주십시오. 시간을 내주시고 마음을 쏟아 주십시오. 사순절에 또 한 번의 기적을 꿈꾸며…….

Stand up Retreat
(One Body)

뜨거움으로 일하라

같은 밥이라도 찬밥은 맛이 없습니다. 맛에도 과학적 근거가 있다고 합니다. 온도에 따라 쌀에 든 녹말의 형태가 바뀌기 때문인데요. 보통 쌀에 든 녹말은 '베타 상태'의 녹말인데 그것이 뜨거워지면 '알파 상태'로 변하면서 부피가 커지고, 서로 부드럽게 달라붙어 우리 입맛에 맛있게 되는 것입니다. 그러다 밥이 식으면 다시 베타 녹말로 변하고 맛이 없어집니다.

일을 쉽게 하는 사람은 뜨거울 때 일을 합니다. 성령이 기도할 마음을 주실 때 기도하면 기도가 그렇게 쉬울 수 없습니다. 헌신할 마음을 주실 때 헌신하는 것은 정말 쉽습니다. 뜨거움이라는 감동이 밀려올 때 일을 하면 뭐든지 쉽고, 또 일이 잘 됩니다. 어리석은 사람은 식었을 때 억지로 하려고 합니다. 찬송을 불러도 "내 모든 짐을 나 홀로 지고 견디다 못해 쓰러질 때"라는 찬송만 좋아합니다. 그래서 되는 일이 없습니다. 같은 일을 해도 뜨거울 때 해야 합니다. 알파 상태로 일해야 합니다.

그러면 힘들지도 않고 사고도 없고 잘됩니다.

한 사람이 뜨거운 열정으로 일하면 바람이 일어납니다. 바람의 원리를 아시지요? 바람은 기압차로 일어나는 대기 이동입니다. 고기압과 저기압의 차이가 클수록 큰 바람이 생깁니다. 성령의 뜨거운 압력을 받으면 내 안에서 바람이 일어납니다. 부흥은 대개 한 사람의 뜨거운 가슴에서 시작됩니다. 한 사람이 우뚝 솟은 고기압이 될 때 주변에는 바람이 일어납니다.

기독교의 개혁은 남을 정죄하고 비판하는 방식으로 하는 것이 아닙니다. 자신이 영적 고기압이 될 때, 영적 기압차로 인해서 생겨나는 현상입니다. "너희는 세상의 소금이 되라. 너희는 세상의 빛이 되라"는 말씀의 핵심은 바로 이것이 아닐까요?

지난주부터 기도의 바람과 방 만들기의 바람이 일어나고 있습니다. 이 바람은 우리의 자녀들을 위함입니다. 자녀를 위할 때는 엄마와 아빠의 마음이 하나가 됩니다. 우리의 자녀들을 위할 때 전 성도들의 마음과 뜻이 하나가 되었으면 좋겠습니다. 어려운 시간을 내어 헌신해 주신 분들께 진심으로 감사드립니다.

앞서는 한 명이 전체를 살립니다. 앞서는 한 사람의 변화가 전체에게 신선한 바람을 일으킵니다. 우리 하은교회에서 뉴욕과 세계를 새롭게 하는 바람의 아들, 바람의 딸들이 많이 나오기를 고대합니다.

속건제로서의 친교 식사

어떻게 하면 예배를 회복할 수 있을까요? 예배가 회복되기 위해서는 예배의 새로운 방법을 모색하는 것이 아니라 예배의 자세를 회복하는 것이 먼저입니다. 모든 예배는 나와 하나님의 관계 예배인데, 속건제는 하나님과 나 그리고 이웃과의 관계 예배입니다. 그래서 드리는 제물도 제사가 끝나면 함께 나눕니다. 우리가 늦은 비 예배 후 나누는 친교는 단순히 점심 식사가 아니라 제사이며 예배입니다. 예배가 끝나고 친교를 하는 것이 아니라 우리의 예배가 친교라는 예배로 이어지는 것입니다.

먼저 2주마다 친교를 위해 헌신하시는 우리 여선교회 회원 여러분께 간곡히 권면합니다. 여러분은 일하는 것 또는 점심 준비하는 것이 아니고 속건제와 화목제를 드리는 제사장의 직무를 하시는 것입니다. 2주 동안 설거지하시는 남선교회 회원 여러분 역시 속건제를 마무리하는 제사장 직무를 하시는 것입니다. 오늘 이 칼럼은 2010년에 오신 새가족들을 위해 씁니다. 이미 친교 식사에 담당이 정해져 있어서 차후에 들어가기를 망설이신다는 얘기가 있어 알려드립니다. 주일 친교의 속건제는 한 가정으로 되는 것이 아닙니다. 모두가 참여하여 함께 드리는 예배의식입니다. 그래서 여러분의 기념일이나 원하시는 날에 함께 친교에 동참하길 원하시면 친교실 게시판에 함께 이름을 넣어 주시면 좋겠습니다.

이렇게 정해 놓은 것이 별로 좋지 않지만, 도움이 되고자 정한 것입니다. 그것은 한 번의 주일 친교에 약 200달러 정도가 들어갑니다. 한 주일에 두 가정이 함께 친교를 하면 이것을 두 가정이 나누어 부담하는 것이고, 세 가정이면 셋이 나누어 부담하는 것입니다. 모두가 각각 200달러를 내어 600달러를 만드는 것이 아닙니다. 물론 양념도 들고 기타 재료도 들어갑니다.

그렇다고 정결한 예배의식의 친교를 꼭 돈의 가치로 얼마를 내시라고 하는 것은 옳지 않은 것 같습니다. 함께 동참하여 기쁜 화목제와 속건제를 드리는 데 의미가 있는 것입니다. 그리고 200달러를 몇으로 나누느냐가 목적이 아니라 기쁘게 동참하시는 것이 목적입니다. 두 가정이 친교에 참여하지만 내 형편으로 50달러밖에 드릴 수 없다면 하나님은 그 집비둘기를 기뻐 받으십니다. 숫자에 매이지 마십시오. 하나님께서 다른 손길을 통해 채워 주실 것입니다.

우리 교회가 그 역사의 증거 아닙니까! 아직까지 모기지 한 번 연체하지 않고 잘 갚고 있습니다. 그것이 오병이어의 기적입니다. 아직 전 교인이 친교에 그리고 토요만나에 참여하지 않고 있습니다. 우리 모두가 함께 동참하면 그 부담은 줄어듭니다. 꼭 참여하여서 함께 속건제를 드립시다.

기도와 무기

사순절에 우리는 기도와 무기를 동시에 들었습니다. 지금쯤 힘들어 몸도 마음도 흔들릴 때인데 전혀 요동치 않고 더 뜨거워지고 있음에 감사를 드립니다. 특별새벽기도회 첫 주를 보내며 우리는 넘치는 아이들을 위해 창고를 정리해서 방을 만들어 주자고, 노아가 방주 만드는 심성으로 망치를 들었습니다. 정말 위대한 동역의 힘으로 2주 만에 방이 만들어지는 기적을 체험했습니다. 이제는 그 방들을 지혜롭게 사용하는 것이 우리의 과제입니다.

먼저, 그 방은 아이들을 위해 만든 방입니다. 아이들을 우선적으로 쓰도록 해야 할 것입니다. 토요일에는 한글학교 공부방으로 사용하고, 주일 오전에는 우리 자녀들이 각 방에서 말씀을 공부하게 되며, 찬양대가 연습을 하며, 오후에는 청년들이 그 방에서 나눔을 가질 것입니다. 이를 위해 세 분 시무장로님께서 600달러를, 권사회에서 200달러를 주셔서 책상과 의자를 구입하여 각 방마다 놓았습니다. 주일학교와 학생부는 이미 각각 쓸 방을 나누었고요, 각 찬양대 리더들은 서로 의견을 조율하여 연습시간을 조정하여 주십시오. 방 사용 문제 때문에 다툼이 없기를 바랍니다.

또한 친교식사도 이 방을 사용하고자 합니다. 친교실에서 함께 점심을 나누기에는 이미 포화상태가 되고 말았습니다. 그래서 6개 선교회가 한 달씩 돌아가며 새로 만든 찬양대실에서 친교를 나누었으면 좋겠습니다. 시작은 바나바 선교회가 하되 3월은 2주만 하시고 4월 한나선교회부터 한 달씩 그 방에서 월례회도 하시고 교제도 하시기 바랍니다.

우리 교회는 사랑방이 중심이기 때문에 같은 선교회에 있으면서도 교제가 없어 잘 모르고 있었는데, 이번 기회에 깊이 아시는 기회가 되었으면 좋겠습니다. 그러나 이 일에서는 누군가의 헌신이 필요합니다. 일일이 밥을 타서 옮겨가면 더 복잡해집니다. 먼저 안수집사 회원께 수고를 부탁드립니다. 그리고 뒷정리는 각 선교회에서 깨끗하게 해주셔야 합니다. 주보를 보시고 해당 선교회는 늦은 비 예배가 끝나면 바로 본당 지하실로 가시면 되겠습니다.

마지막으로는 기도방입니다. 새벽기도가 끝난 후 기도를 마음껏 하기 원하시는 분은 청년부실을 기도방으로 했으면 합니다. 그곳에 개인 방석을 준비하셔서 목청껏 부르짖으시면 되겠습니다. 조용히 기도하실 분은 본당에서 기도하시구요. 설마 지하에서 들려오는 소리마저 뭐라 그러시지는 않겠죠?

고난에 동참하는 축복

오늘은 종려주일입니다. 우리 주님께서 온 인류를 위해 고난의 발걸음을 옮기셨던 날입니다. 이번 주간은 주님께서 받으신 고난에 동참하는 한 주간이 되었으면 좋겠습니다. 주님께서 "의를 위하여 박해를 받은 자는 복이 있나니 천국이 그들의 것임이라"마 5:10고 말씀하셨습니다.

오늘날 기독교와 우리 기독교인의 최대 위기는 바로 그리스도를 위해 받는 고난이 없다는 것입니다. 나를 위해, 내 가정을 위해서는 불 속에라도 뛰어들지만 예수님을 위한 고난은 할 수만 있으면 피합니다. 그래서 기독교가 공허하고, 교회와 그리스도인이 공허합니다. 내가 손해 보고, 내가 참고, 내가 눈물을 흘리고 아파하는 그런 고난의 흔적이 우리에게 없습니다.

베드로전서 2장 21절은 "그리스도도 너희를 위하여 고난을 받으사 너희에게 본을 끼쳐 그 자취를 따라오게 하려 하셨느니라"고 말하고 있습니다. 우리는 그리스도의 고난을 본받아 그 자취를 따라가야 합니다.

내 삶에 예수님 때문에 시간을 빼앗기고, 돈을 잃어버리고, 입술을 깨무는 흔적이 있어야 합니다.

그리고 예수님께서는 십자가상에서 용서의 기도를 드리셨습니다. "아버지여, 저들의 죄를 용서하여 주십시오." 오늘 용서할 수 없는 사람에게 연락하십시오. 마음을 푸십시오. 용서하기로 결정하십시오. 이것은 서원입니다. 하나님께서 보시고 갚아 주십니다. 나의 힘으로는 못하고 안 됩니다. 예수님의 이름으로 용서하십시오. 이것이 그리스도의 고난에 동참하는 축복입니다.

좋은 땅의 비밀

일본 아오모리 현에 기적의 사과를 재배하는 기무라 아키노리라는 농부가 있습니다. 기무라의 사과로 만든 사과 수프를 먹으려면 6개월 전에 예약을 해야 할 정도로 대단한 사과입니다. 사과 반쪽을 잘라 냉장고 위에 올려놓은 후 2년이 지났는데 조금 마르긴 했어도 달콤한 향을 내며 썩지 않고 있었다는 것입니다. 이것이 '썩지 않는 기적의 사과'로 명성을 날리는 계기가 된 것입니다.

농약은 노동력을 절감시키고, 벌레를 죽이고, 많은 생산량을 주지만 사과의 생명력을 죽이고 저항력과 영양분, 맛을 잃게 합니다. 그래서 기무라는 농약 없는 사과를 재배하려고 노력하다가 결국 파산에 이르게 됩니다. 그는 죽으려고 산에 오르다가 커다란 도토리나무를 보게 됩니다. 해충의 피해도 없고, 병의 공격에도 건강하게 서 있는 강한 도토리나무였습니다.

나무 밑의 흙을 파보았습니다. 좋은 냄새의 온갖 미생물이 분해시킨

부드러운 흙이었습니다. 나무 밑은 각종 생물의 낙원이었습니다. 지렁이, 두더지 굴, 미생물의 분해에 의한 건강한 생태계를 유지하고 있었습니다. 건강한 도토리나무의 비밀은 흙에 있었습니다.

씨 뿌리는 비유를 생각해 봅니다. 씨는 동일합니다. 그러나 결과가 달라진 것은 땅이 다르기 때문이었습니다. 길가, 돌밭, 가시덤불, 옥토가 모두 서로 다르기 때문입니다. 옥토에 떨어진 씨는 30배, 60배, 100배의 결실을 맺습니다. 땅이 중요합니다.

기무라는 사과밭을 몇 년 동안 그대로 놔두었답니다. 잡초밭이 되게 만들었습니다. 생태계가 살아나도록 만들었습니다. 3년이 지나니 지렁이, 메뚜기, 개구리, 뱀이 나왔습니다. 마침내 9년 만에 사과나무에 꽃이 피었습니다. 농약 없이도 스스로의 힘으로 살아나는 사과나무가 나온 것입니다. 1991년에 큰 태풍이 왔습니다. 다른 과수원의 사과는 다 떨어졌는데, 기무라의 사과는 떨어지지 않았답니다. 왜냐하면 사과 꼭지가 2배 정도 강해서 사과가 떨어지지 않은 것입니다.

하나님께서 왜 내게 쉽게 길을 열어 주시지 않습니까? 비옥한 옥토를 주시기 위한 의도일 것입니다. 기도, 눈물, 인내, 고난, 아픔 등이 비옥한 토지를 만듭니다. 농약을 치듯 쉽게 목적을 이루려고 하지 마십시오. 유혹입니다. 힘들어도 말씀의 길을 가십시오. 농약을 치듯 직접적으로 얻으려고 하지 마십시오. 땅을 살리듯이 삶 전체의 변화, 인격의 변화를 추구하십시오. 이것이 진정한 열매를 보장하는 확실한 길입니다.

기도 인생

　기도는 언제나 사건이 터져야 시작되지만 기도의 응답은 사건의 해결이 아니라 사건을 바라보는 나의 영혼을 다스리는 것입니다. 거기에 하나님과 우리의 차이가 있는 것입니다. 그러나 그 차이를 번번이 경험하면서도 단번에 그 경지에 이르지 못하는 우리 자신을 늘 직면하게 됩니다. 감사한 것은 하나님께서 우리를 포기하지 않으시고 때마다 우리의 기도를 들으시고 용기와 소망을 주시며 내 영혼을 돌보아 주신다는 사실입니다.

　하나님의 시선을 갖게 해달라고 기도해 보십시오. 놀랍게도 가장 먼저 마주한 문제는 빗나간 나의 마음과 생각일 것입니다. 늘 외부의 문제에만 집중해 있던 우리에게 먼저 영적인 문제를 깨닫게 하신 주님, 가장 먼저 해결되어야 할 영혼의 문제를 가지고 엎드릴 때 주님은 그리스도의 향기를 잃어버린 나의 삶을 비추시며 다시 새로운 마음과 뜻을 세우도록 나를 만들어 가실 것입니다. 늘 가까이 있었던 하나님의 응답, 그것은 나 자신이 축복의 통로가 되는 삶, 참 그리스도인으로서의 변화입니다. 그런 기도 인생을 살아가는 신앙인이 되었으면 좋겠습니다.

날마다 주어지는 감사한 '오늘'이라는 선물, '오늘'이라는 선물의 포장도 풀어 보지 않고 내일과 또 다른 내일을 미리부터 걱정하는 마음가짐은 이제부터 버려야겠습니다. 그래서 '오늘'이라는 아름답고도 소중한 선물을 잘살아야겠습니다. 마음껏 감사히 살아야겠습니다.

기도는 거룩한 삶의 첫 단계이자 마지막 단계입니다. 기도는 영적 성품의 열매이기도 합니다. 그래서 기도는 영혼을 가장 자연스럽게 쏟아내며, 하늘과 땅을 잇는 황금 띠를 짠답니다. 기도는 하나님의 자녀로서 누릴 수 있는 가장 큰 은혜이자 능력입니다. 아무것도 할 수 없다고 느낄 때도 기도는 여전히 모든 것을 할 수 있는 강력한 힘이 됩니다. 우리를 자녀 삼아 기도할 수 있는 은혜를 베푸시고 구하면 얻을 것이라 약속하신 하나님, 매일 하나님의 선한 뜻을 구하고, 그 간구가 우리의 삶을 통해 이루어지는 기도 인생을 사시기를 소망합니다.

원망이 주는 마비

과거 우리는 나라를 잃은 아픔이 있었습니다. 나라를 잃은 젊은이들에게는 원망이 많았지요. 나약한 정부를 원망하고, 매국노를 원망했습니다. 열심히 살아 봐야 일본에게만 유리하고……. 그래서 술 마시고 허랑방탕하게 살았습니다. 일종의 애국적 방탕이었습니다. 일제도 각처에 유곽이라는 술집을 만들어 퇴폐를 조장했고, "이 풍진 세상을 만났으니"라는 애절한 노래를 유행시켰고, "노세 노세 젊어서 노세"라는 자조적인 노래가 주류를 이루었습니다. 정신의 황폐화가 나타났습니다. 모든 것을 원망하니 움직일 힘조차 없는 마비상태에 놓인 것입니다.

이때 크리스천 지도자 도산 안창호 선생님이 등장합니다. "나라가 이렇게 된 것은 우리 모두의 책임이다. 결코 원망하지 말라. 우리의 잘못에 대한 하나님의 심판이다. 내 책임이라고 생각하고 똑바로 서라. 원망하지 말고 배우라. 못 배운 탓에 이렇게 된 것이다. 부지런히 일해야 산다. 그래야 광복이 온다. 부지런히 공부하고, 부지런히 예배하고, 부지런히 일하는 것이 애국이다"라고 외쳤습니다.

원망의 세력을 꺾어 버리고, 책임지고 움직이는 생명의 세력을 일으키라는 말입니다. 그 큰 외침이 젊은이들을 일으켰습니다.

해방 이후 또 하나의 정신적인 큰 별이 등장합니다. 가나안 농군학교의 김용기 장로님입니다. 원망하지 말고 일하라는 것을 몸소 실천으로 보여 주신 분입니다. 강원도 산골 가나안 농군학교는 입구에서부터 주는 메시지가 다릅니다. 길 좌우에 쭉 늘어선 팔뚝만 한 돌들이 있습니다. 더 특이한 것은 그 돌 위에 작은 돌이 얹혀 있다는 것입니다. 왜 그런지 설명을 들었습니다.

가나안 농군학교의 정신은 "예수 잘 믿고, 열심히 일하자"는 것입니다. 돌이라고 해서 빈둥빈둥 놀고 있을 수 없어 돌들을 세워 놓았다는 것입니다. 누워 자고 있는 사람은 돌만도 못하다는 말입니다. 쉽게 웃을 수 없는 이야기입니다. 이 이야기를 듣고 가슴에 불이 붙는 체험을 했습니다.

원망은 공동체뿐 아니라 원망하는 나까지 마비시켜 버립니다. 그러나 책임의식을 가지고 일하면, 얼음 같은 상황도 변화시키고 녹일 수 있습니다. 우리가 속한 교회가 원망하는 사람이 아닌 안창호 선생, 김용기 장로 같은 인물을 만들어내는 교회이고 싶습니다. 굳어지고 마비된 사회를 풀고 움직이게 만드는 생명의 세력이 되는 교회이고 싶습니다.

이런 교회

　리 앤더슨Leigh Anderson이 쓴 《A Church for 21st Century》21세기형 교회라는 책에 7가지 유형의 교회를 소개하고 있습니다. 책의 내용은 이렇습니다.

　첫째, 가족 농장 형태의 교회. 한인 이민교회에서 자주 보이는 교회입니다. 가족 중심으로 이루어진 교회이지요. 둘째, 학교 형태의 교회. 계속, 끝도 없는 성경공부만을 위해 교회에 다닙니다. 셋째, 프랜차이즈 가맹점 교회. 교단의 지시와 교단의 방법과 정책에 따라 기계적으로 움직이는 교회입니다. 물론 본부에서 내려오는 많은 유익도 있습니다. 넷째는, 상점과 같은 교회입니다. 아쉬움이 많지만 그런대로 그때그때 적당히 충족하는 교회입니다. 다섯째, 쇼핑몰 형태의 교회. 초대형교회, 소위 우리가 메가 교회라고 부르는 교회입니다. 너무 매력적이고 편안하고 좋은 것들이 많이 있습니다. 주일학교만 모여서 예배드리는 예배당이 웬만한 교회보다 훨씬 더 좋습니다. 여섯째는, 전문점 교회입니다. 매우 특별한 교회입니다. 다른 교회에 없는 독특한 한 가지만 있는 특별한 교회를 말하는 것입니다. 마지막 일곱째는, Haunted house유령의 집 같은 교회입니다.

목회에 부족한 것이 많고 헤아리지 못한 점이 많이 있으나, 그래도 정말 보람되고 행복합니다. 저는 우리 교회가 수천, 수만 명이 모이는 초대형 교회가 되기를 꿈꾸지 않습니다. 온 가족이 손에 손을 잡고 교회에 와서 예배에 감동을 받고 나아가 사람에게 감동을 주는 그런 교회이고 싶습니다. 그늘과 같은 교회, 긴장 속에서 살다가 안식일 하루 영과 혼, 그리고 육이 편히 쉬면서 재충전할 수 있는 그런 교회를 꿈꾸어 봅니다.

그런 꿈이 있기에 오늘 저는 말할 수 없이 행복합니다. 그리고 벅차오릅니다. 주님은 우리에게 너무나 귀한 달란트를 주셨습니다. 그늘과 같은 교회를 세우면서 다시 오실 주님 앞에 착하고 충성된 종이라 칭찬 듣는 우리 가족들이 되었으면 좋겠습니다. 그날을 위해 오늘도 묵묵히 하은교회를 목양해 나갈 것입니다.

창립 3주년 기념예배

하은가족 찬양제

전반전을 지나 후반전으로

　월드컵 선수들을 태극전사라고 하더군요. 대한민국의 이름으로 세계의 강호들과 싸워 16강을 넘어 우승의 고지를 향해 질주하는 선수들을 마치 전쟁을 하는 군인들로 묘사를 한 것이겠지요. 성경에도 바울 사도가 종종 세상 속에 타협하지 아니하고 꿋꿋이 믿음을 지키는 성도들을 '용사' 또는 '그리스도의 군사'라고 표현하였습니다.

　요즈음은 왠지 그런 표현들이 가슴속에 머물러 있습니다. 그래서 이렇게 부르며 축복하길 원합니다. 하은교회 최정예 군사 여러분, 전반전인 6개월 동안 여러분에게 흔들림이 있었고 포기하고 싶은 일들이 있었으며 넘지 못할 산과 건너지 못할 큰 강들을 만나셨을 터인데, 절망하지 않고 포기하지 않고 원망하지 않으며 성실하게 그리고 신실하게 질주하심을 감사드리며 격려하여 드립니다. 정말 대단하십니다. 더욱이 홈경기도 아니고 우린 미국 땅에서 원정경기를 하는데도 결코 뒤지지 않고, 이를 악물고 나의 한계를 넘어서면서 지쳐서 주저앉지 않고 달리심을 치하합니다.

전반전이 어떠셨나요? 이기는 경기 하셨습니까? 아니면 조금 밀리는 경기를 하셨나요? 세상이 전반전만 있는 경기라면 정말 재미없고, 할 맛 나지 않을 것입니다. 정말 큰 축복은 우리에게 후반전이 있다는 것입니다. 전반전의 전략이 좋지 않았다면 전략을 바꿀 수 있는 기회가 있습니다. 사랑하는 하은 전사 여러분, 후반전에 여러분의 가정에, 사업에, 자녀들에게 큰 승리가 있기를 축복합니다. 그리고 그 승리는 우리 교회에 큰 부흥을 가져오는 씨앗이 될 것입니다.

기도하며 기대합니다. 후반전에 우리 교회 예배에 더 기름 부음이 있기를, 말씀에 더 갈망이 있고, 기도에 목마름이 있으며, 성령의 충만함을 갈급하여 선교에 내 삶을 드리는 일들이 더 많아지기를 기도합니다. 우리들 이야기 속에서 남들 이야기는 사라지고 예수님의 이야기가 더 많아지기를 기도합니다. 심판이 보든 보지 않든 반칙을 할 생각을 안 하는 선수들이 되었으면 좋겠습니다. 속전속결하려는 조급함을 갖지 말고 주심의 호각 소리가 들릴 때까지 선한 싸움을 싸우는 Spiritual Warrior성령의 용사가 되었으면 좋겠습니다. 우리는 그렇게 할 수 있습니다. 내게 그런 능력을 주시는 이가 바로 우리의 하나님이시기 때문입니다. 자, 후반전입니다. 파이팅! 하은교회!

그래도 최 서방만 한 사람 없다

형용사 문법을 배울 때 우리가 배우는 것 중의 하나는 최상급과 비교급입니다. 최고를 이야기할 때 쓰는 표현, 즉 '제일 좋은 것', '제일 비싼 것' 등이 최상급이고, 다른 것과 비교해서 이야기 할 때 쓰는 표현, 즉 '소니보다 삼성이 낫다', '뉴욕이 LA보다 살기 좋다' 등이 비교급의 표현입니다. 그런데 비교급으로 최상급의 표현을 대신할 수 있는 것이 있으니 바로 비교급의 부정법입니다. '하은교회보다 나은 교회는 없다'는 표현을 보면 내용은 비교급인데, 속뜻을 살펴보면 하은교회가 최고라는 최상급의 의미입니다. 예수님께서 백부장의 믿음을 칭찬하실 때 "이스라엘 중에서도 이만한 믿음은 만나 보지 못하였노라"고 하셨습니다. 이스라엘 중에 최고의 믿음을 가진 자라 칭찬하신 것입니다.

그래서 제가 듣기 좋아하는 말 중에 하나가 "그래도 최 서방만 한 사람 없다"입니다. 최 서방이 최고라는 말이지요. 여자분들이라면 한 번쯤은 들어 봤을 이야기입니다. 보통 딸이 친정엄마 앞에서 남편 흉을 보며 불평을 늘어놓으면, 가만히 듣고 계시던 친정 엄마가 딸에게 좋게 타이르시는 말씀이 바로 "그래도 O 서방만 한 사람 없다"입니다.

그러면 최고의 칭찬을 하기 위해 더 좋은 수식어도 많을 텐데 왜 하필이면 애매한 표현을 사용하는 것일까요? 바로 부족한 점이 있기 때문입니다. 우리는 완벽함을 추구하지만 완벽을 이루기에는 너무나 부족한 점이 많이 있습니다. 예수님같이 흠이 없고 순결하신 분이라면 어떤 면에서도 최상급의 표현을 받으시기에 합당하겠지만, 인간인 우리는 그럴 수가 없는 것입니다. 그래서 최상급 표현을 쓸 수는 없지만 이러한 부족함에도 불구하고 최고라 할 만하다는 뜻을 담아 비교급으로 최상급을 표현하는 것입니다. 남편으로서, 그리고 가정의 가장으로서 완벽하지는 못하고 부족한 점이 많이 있지만 네 남편을 제일이라고 여겨도 된다는 말입니다.

우리 주위를 둘러봅니다. 사람 수에 비해 매우 협소한 공간을 가진 우리 교회, 방이 모자라서 이리저리 떠도는 교회학교 분반공부, 매주 오타가 끊이지 않는 주보…… 최고라 하기엔 뭔가 아쉬움이 있습니다. 그러나 우리 마음속에는 '그래도 하은교회만 한 교회는 없다'라는 생각이 있습니다. 그렇기 때문에 하은교회에서의 신앙생활이 즐겁고 우리가 부흥할 수 있는 것입니다. 옆에 계신 집사님, 장로님, 교회학교 선생님, 그리고 교역자까지 모두가 완벽하게 자기의 역할을 하고 계시지는 못할 것입니다. 그러나 우리가 '그래도 우리 집사님, 장로님, 선생님, 목사님이 그 어떤 누구보다도 낫다'는 생각을 가지고 있다면 그보다 은혜로운 일이 없겠지요.

옆에 계신 분을 바라보고 씽긋 웃으면서 한마디 건네보시지요.

"집사님, 집사님만 한 분은 없습니다."

지구가 아프다

사람의 건강상태가 좋지 않을 때 나타나는 증상은 열이 나는 것입니다. 특히 아이들에게 고열이 오래 지속되면 위험합니다. 지금 지구가 열이 나고 있습니다. 우리가 살고 있고, 우리 자녀들이 살아야 할 땅이 아프고 있습니다. 뉴욕은 폭염과 가뭄이 계속되고, 고국과 북한, 중국, 그리고 일본은 물난리가 났습니다. 유럽과 아프리카, 그리고 중남미에는 지진이 자주 일어나고, 북극에는 빙하가 녹고 있습니다. 큰일입니다. 열이 떨어지지 않으니 말입니다.

이렇게 지구가 열이 높아 가는 이유가 있습니다. 그것은 우리의 잘못된 생활방식 때문입니다. 'Moral Hazard'도덕적 해이라는 말이 있습니다. 보험을 들면 조심하지 않는다는 말입니다. 화재보험에 들면 불이 나는 것을 조심하지 않고, 휴대전화 보험을 들면 휴대폰을 함부로 사용한다는 것입니다. 타버리면 다시 짓지 하는 마음이 생긴다고 해서 Hazard라고 합니다.

자기 집에서는 쓰레기를 구별하고 잘 버리면서 교회에 오면 달라집니다. 집에서는 에어컨, 난방을 줄이는데 교회에서는 전기 스위치 하나 내리지 않습니다. 직장에는 안 늦으면서 교회에는 늦습니다. 이것은 영적 해이Spiritual Hazard입니다. 날씨가 더워 쓰레기를 잘 버려야 합니다. 교회 쓰레기장에 너무 분별없이 마구 버립니다. 모기가 많아졌습니다. 구별해서 잘 묶어서 버렸으면 좋겠습니다. 한 번이면 될 걸 여러 번 일하게 되고, 마지막에 정리하는 사람은 실족하게 됩니다. '차라리 가만 놔두지……' 하고 말입니다.

우리 교회만 의식구조를 바꾸어도 지구의 열을 내리게 할 수 있습니다. 내가 사는 땅의 건강, 바로 나의 성실성과 탁월성에 달려 있습니다. 교회의 일, 조금만 신경 써 주세요. 그것은 바로 지구를 살리고 교회를 건강하게 하는 일입니다.

발렌타인데이 행사

천국과 지옥

여러분, 유치한 질문 하나 하겠습니다. 천국과 지옥이 있다는 것을 믿으세요? 믿으셔야 합니다. 저도 확실히 믿습니다. 그런데 천국과 지옥은 죽어서 가는 곳이 아닙니다. 사람은 보지 못하면 믿지 못하니까 하나님께서는 천국과 지옥의 모델하우스를 우리가 살고 있는 삶의 현장에 만들어 놓으시고 보여 주십니다. 지난주에는 천국의 삶을 사셨습니까, 지옥의 삶을 사셨습니까? 죽을 맛이었나요, 살맛 나는 세상이었나요?

그래서 제가 감히 예언할 수 있습니다. 이 땅에서 지옥같이 싸우고, 미워하고, 원망하다가 어느 날 천국에 와 있더라 하는 일은 결단코 없을 것입니다. 이 땅에서 천국 같은 삶을 사는 사람이 죽어서도 천국에 가는 것이고, 이 땅에서 지옥같이 산 사람이 죽어서도 역시 지옥에 가 있을 것입니다. 천국과 지옥의 모델하우스 들어가 보셨나요? 가보시면 몇 가지 차이가 있는 것을 금방 알게 됩니다.

첫째, 하나님께서 다스리시고 통치하시는 곳이 천국입니다.

나를 다스리시는 분이 하나님이십니까, 아니면 나입니까? 나는 내 자존심과 내 힘으로 살아갑니까, 아니면 하나님의 말씀으로 살아갑니까? 이것을 바로 알면 내가 천국에 살고 있는지, 지옥에 살고 있는지 알 수 있습니다. 지옥에 살고 있으면서도 내가 지옥에 있는지 모르는 사람도 있습니다.

둘째, 천국은 할 수 없는 것만 있고, 지옥은 모든 것을 할 수 있습니다.

지옥에서는 남을 욕할 수 있고, 죽일 수 있고, 도둑질, 질투 다 할 수 있습니다. 그러나 천국에서는 살인할 수 없고, 미워할 수 없고, 유혹할 수 없습니다. 그리고 한 가지 더, 선악을 알게 하는 열매도 먹어서는 안 됩니다. 그런데 못하는 것 때문에, 얽매는 것 때문에 우리가 자유로울 수 있습니다. 멋대로 사는 곳이 천국이 아닙니다. 그곳은 지옥입니다.

셋째, 천국은 특권만이 있는 곳이 아니라 지키는 의무가 있는 곳입니다.

지옥은 오직 방종만 있을 뿐입니다.

넷째, 천국은 함께 사는 곳입니다.

아담 혼자 두지 않고 하와와 함께 더불어 살게 하셨습니다. 지옥은 천상천하 유아독존으로 사는 곳입니다. 더불어 살라고 배필을 주시고, 친구도, 목사도, 성도도 주셨습니다. 지옥은 자신만을 위해 사는 곳이고, 천국은 함께 나누는 곳입니다. 이번 주는 함께 사는 천국을 사시기를 축복합니다.

좋은 이웃교회와
친선축구경기

좋은 울타리

'우리'라는 말은 본래 울타리에서 파생된 말이라고 합니다. 그래서 우리 아빠, 우리 남편 하는 것은 여러 명이 아빠, 부인을 공동소유했다는 뜻이 아니라 같은 울타리 안에 있는 아빠 또는 남편이라는 뜻입니다. 틀린 표현이 아니라는 겁니다. '서울'의 뜻을 아세요? 바로 좋은 울타리라는 말입니다. 주님께서 우리에게 기도를 가르쳐 주실 때 "우리에게 날마다 일용할 양식을 주시옵고"눅 11:3라고 기도하라고 하셨습니다. '나에게'가 아니라 '우리에게' 일용할 양식을 달라고 기도해야 한다고 말씀하십니다.

맨체스터 유나이티드에 라이언 긱스라는 전설적인 공격수가 있습니다. 박지성도 한국 대표팀에 한 명을 데려온다면 긱스를 데려오고 싶다고 말할 정도였습니다. 그런데 긱스는 월드컵에서 한 번도 볼 수 없었습니다. 왜냐하면 그의 조국 웨일스가 월드컵 예선을 통과하지 못했기 때문입니다. 나보다 우리가 중요하다는 것을 말씀드리고 있는 것입니다.

이런 글을 읽은 적이 있습니다. "나는 신발 작은 것도 잘 참는데, 왜 인간관계에서는 참지 못할까?" 예쁘게 보이려고 발의 고통은 참으면서 공동체를 깨는 말은 함부로 했다는 것입니다. 그것이 어리석었고 그것을 반성하면서 글로 남긴 것입니다. 박지성 선수는 "팬들보다 동료가 더 좋아하는 선수"라는 평가를 합니다. 그는 항상 더 좋은 공간에 있는 선수에게 패스하고, 공을 가진 선수가 위기에 몰리면 옆으로 가서 고립을 풀어 주곤 하기 때문이랍니다. 이번 월드컵 우승 감독에게 비결을 물었습니다. 그는 "선수들이 공을 갖지 않았을 때 잘해주어서……"라고 간단히 대답했습니다. 볼을 가진 사람보다 볼을 갖지 않은 선수들이 공동체를 위해서 긴밀하게 뛸 때 우승까지 할 수 있다는 말이다.

사명이란 하나님이 주신 것을 비우는 것입니다. 이 말은 우리는 먼저 받은 존재라는 뜻입니다. 내게 있는 것은 100% 다 받은 것입니다. 하나님께서 주셨습니다. 내 자랑이 있을 수 없습니다. 자랑이 아니라 오히려 사명을 생각해야 합니다. 받은 것을 계속해서 비워 나가는 것이 사명입니다. 말씀이 채워지면 전함으로 비우고, 물질이 채워지면 나눔으로 비우는 것입니다. "땅에 쌓아 두면 좀과 동록이 해하며, 도둑이 구멍을 뚫고 도둑질을 한다"마 6:19고 했습니다. 주신 것을 다 비우겠다는 다짐이 바로 신앙의 길입니다. 그럴 때 좋은 울타리가 될 수 있습니다. 우리 교회, 정말 좋은 교회입니다.

경청 마음을 얻는 지혜

눈도 둘, 귀도 둘, 그런데 왜 입은 하나일까요? 제논이라는 그리스 철학자가 한 말입니다. 많이 보고 많이 듣되 적게 말하라는 뜻이랍니다. 커뮤니케이션의 궁극적인 목적은 상대와 한마음이 되는 것입니다. 단순히 말소리를 들었다고 해서 상대의 말을 이해했다고 생각하면 큰 착각입니다. 진정한 듣기는 말하는 상대의 생각과 마음을 읽는 것입니다.

들을 청聽자를 부수로 자세히 뜯어봅니다. 왼쪽에 귀 이耳자 밑에 임금 왕王자가 있습니다. 그리고 오른쪽에는 열 십十자 밑에 눈 목目자를 옆으로 놓은 글씨가 있고 그 아래 한 일一자와 마음 심心자가 차례로 놓여있습니다.

옛 사람들의 지혜가 담겨 있는 글자라고 생각합니다. 듣는다는 것, 그것은 왕 같은 귀를 갖는다는 뜻이 아닐까요? 왕 같은 귀란 매우 커다란 귀, 즉 들을 때 우리가 집중해서 들어야 한다는 것입니다. 그럼 열 개의 눈이라는 것은 무슨 뜻일까요? 듣기의 본질이라고 할 수 있을 것입니다. 듣는다는 것은 열 개의 눈을 갖는 행위를 말하는 것이 아닐까요? 상대의 말을 듣기 위해 건성으로 흘려보내지 말고, 꼬투리 잡기 식(청문회 식)으로 하지 말고 상대의 말이 어떤 의미를 갖는지 그의 표정이나 눈빛, 태도 등을 파악하면서 들으라는 뜻일 것입니다.

혹시 암癌이라는 한자가 어떻게 만들어졌는지 아세요? 중간에 입 구口 자가 세 개 있죠? 입이 세 개나 필요할 정도로 하고 싶은 말이 많은데, 그걸 산에 가두어 놓고 막아 버렸다는 뜻이래요. 재미있지요? 마음속에 하고 싶은 말들을 풀어내지 못하고 가둬 두면 스트레스가 되어 결국 암에 걸린 상태에 이르게 된다는 뜻인가 봅니다. 그러고 보면 암은 현대병이 아니라 오래전부터 있었던 병입니다.

사람들이 진정으로 원하는 것은 자기 말을 들어주고 자기를 존중해 주며 이해해 주는 것이라고 생각합니다. 금주 우리 하은 가정의 아내와 남편, 부모와 자녀, 성도와 목사, 성도와 성도 사이에 이런 대화가 있었으면 좋겠습니다. 사랑합니다.

어버이주일

핵심가치

해병대의 전투기 조종사가 베트남에서 임무를 수행하던 중 공중 충돌이 일어나 비행기 한쪽 날개가 잘려져 나가게 되었고, 비행기는 통제할 수 없는 상황에 이르렀습니다. 그 순간 조종사는 훈련교관의 가르침을 떠올렸습니다. "통제 불능의 문제가 닥치면 위를 봐라. 그리고 비행기가 뒤집히기를 기다렸다가 파란색이 보이면 사출 버튼을 눌러라." 조종사는 위를 보았습니다. 땅이 보였고 그 땅은 빠른 속도로 가까워졌습니다. 그러자 순간적으로 비행기가 뒤집히면서 파란색이 눈에 들어왔습니다. 그는 즉시 사출 손잡이를 잡아당겼고 굉음과 함께 기류를 뚫고 조종사는 탈출에 성공했습니다. 낙하산이 펼쳐졌고 몸은 이내 안전하게 땅에 착지했습니다.

위기의 순간에 사명을 완수할 수 있도록 하는 것은 핵심 가치를 붙잡는 것입니다. 핵심 가치를 상실하면 아무 의미도 없는 일에 목숨을 걸고 달려들면서도 내가 무엇을 하고 있는지조차 모르게 됩니다.

오늘날의 교회가 다시 일어서기 위해서는 빅 아이디어나 새로운 비전 혹은 사람들에게 매력적으로 보이도록 하는 것에 그 해결책이 있다고 생각하지 않습니다. 교회의 사명과 본질로 되돌아가는 것이 필요합니다. 하나님 사랑과 이웃 사랑을 실천하는 교회의 모습을 회복하는 것이 필요합니다. 성경을 통해 배운 만큼, 함께 실천하는 일에도 힘을 쓰는 교회로의 변화가 필요합니다.

우리가 회복해야 할 본질은 비난의 화살을 퍼붓는 청문회 식의 모습을 내려놓는 것이며, 죄인들과 함께 대화하며 식사하는 예수님의 모습을 보고 수군거리는 바리새인의 모습을 내려놓는 것입니다. 그리고 아들이 돌아오기만을 목이 빠지게 기다리는 아버지의 모습을 회복하는 것입니다.

사도 바울은 자신의 삶의 본질과 사명을 이렇게 이야기했습니다.

> "내가 이미 얻었다 함도 아니요 온전히 이루었다 함도 아니라 오직 내가 그리스도 예수께 잡힌 바 된 그것을 잡으려고 달려가노라"(빌 3:12).

오늘 우리가 섬기고 세워 나가야 할, 하은교회가 회복해야 할 본질은 무엇일까요?

알래스카 단기 선교

엄마의 마음

제가 노래 하나 부르겠습니다. 아시는 노래일 텐데 같이 불러 보지요.

엄마가 섬 그늘에 굴 따러 가면 아기는 혼자 남아 집을 보다가
바다가 불러 주는 자장노래에 팔 베고 스르르르 잠이 듭니다.
아기는 잠을 곤히 자고 있지만 갈매기 울음소리 맘이 설레어
다 못 찬 굴바구니 머리에 이고 엄마는 모랫길을 달려옵니다.

굴 따러 간 엄마의 마음은 집에 혼자 남아 있는 아이 생각뿐입니다. 그렇지 않아도 아이 걱정에 굴을 따는지 뭘 따는지 모르겠는데 갈매기가 속절없이 웁니다. 엄마의 귀에는 갈매기 울음소리가 아이의 울음소리로 들립니다. 굴 바구니에 굴을 채우려면 아직도 멀었는데 엄마의 발걸음은 벌써 집으로 향하고 있습니다.

아무리 가난해도, 아무리 어려워도 아기는 소망이 있습니다. 달려오

는 엄마가 있기 때문입니다.

    칼빈은 《기독교 강요》에서 "교회는 성도의 어머니"라는 표현을 하였습니다. 하나님을 아버지로 모시는 성도들에게 교회는 어머니와 같다는 뜻입니다. 교회가 없다면 성도들은 어미 없는 자식입니다. 걸음마도, 기본 언어도 배우지 못하게 됩니다. 좀 더 깊은 의미는 교회를 통해 시대의 일꾼들이 길러지는 것입니다.

    교회는 무력해 보이지만 홀로 있는 아기를 향해 달려가는 엄마이고, 굴 바구니를 버리고서라도 아기에게 가고 마는 사랑이 있는 곳입니다. 그리고 그런 교회여야 합니다.

    새벽에 마태복음을 통해 교회론을 공부하고 있습니다. 주님이 그토록 원하셨던 교회, 자신의 굴 바구니를 버리시고서 살리셨던 교회, 그리고 다시 오실 때까지 우리에게 잘 지키라고 당부하신 교회를 우리는 어떤 마음으로 지키고 있는지요?

야외예배

아픔으로 세워지는 공동체

저의 독서습관 중 하나는 묵은 책을 다시 열어 보는 것입니다. 읽었던 책을 다시 읽다 보면 처음에 놓쳤던 것을 새롭게 얻는 경우가 종종 있습니다. 무조건 새로운 책을 읽기보다는 옛날 책을 다시 읽는 재미가 참 좋습니다.

김구 선생의 《백범 일지》를 다시 읽었습니다. 지금의 시각으로 보니 김구 선생이 조금 잘못 판단하는 부분도 있고, 아무것도 아닌 일에 크게 흥분하는 일도 있었습니다. 과거 시험에 떨어진 것을 관리의 부패 때문이라고 말하고 있는 부분을 읽을 때에는 웃음이 나오기까지 했습니다. 이전에는 김구 선생 같은 민족 지도자가 되기 위해서는 탁월한 능력, 뛰어난 인격이 뒷받침되어야 한다고 생각했습니다. 지금도 그런 생각은 변함이 없습니다. 그런데 《백범 일지》 전반을 읽으면서 하나 더 깨달은 것이 있습니다. 김구 선생이 민족 지도자가 된 것은 '민족에 대한 아픔'을 느꼈기 때문이라는 것입니다. 나라 잃은 백성에 대한 아픔, 먹고 살기 위해서 만주 등지로 흩어진 동족에 대한 아픔이 그를 민족 지도자로 만든 것이었습니다. 김구 선생은 많이 아파했습니다. 가슴으로 아파했습니다. 그래서 지도자가 된 것입니다.

아파하는 사람이 백성을 이끌 수 있습니다. 언제 효자가 됩니까? 부모의 아픔을 가슴으로 느낄 때입니다. 50세가 넘은 김구 선생을 그의 어머니는 회초리로 때립니다. 맞는 김구 선생이 눈물을 흘립니다. 아파서가 아니라 어머니의 힘이 많이 빠지셨다고 느꼈기에 우는 것이었습니다. 아픔을 이해하는 아들이 진짜 효자입니다. 아픔을 모르는 사람이 지도자 행세를 할 때 시대의 어둠이 옵니다.

마귀의 유혹이 무엇입니까? 어린아이로 머물게 하는 것입니다. 어린아이로 머물게 하는 것은 아픔을 모르게 하는 것입니다. 아픔을 모르면 영원히 어린아이입니다. 하나님이 왜 고난을 주십니까? 아픔을 가르치시는 것입니다. 아픔 없는 능력은 '꾼'이 되게 하지만, 아픔을 느끼는 능력은 '지도자'가 되게 합니다. 어린아이 같은 신앙인의 특징이 있습니다. '시기와 분쟁'입니다.

> "너희는 아직도 육신에 속한 자로다 너희 가운데 시기와 분쟁이 있으니 어찌 육신에 속하여 사람을 따라 행함이 아니리요"(고전 3:3).

자기 성장에 대한 확신이 없고 남을 깎아내리려고만 합니다. 교회를 향한 아픔이 있어야 합니다. 성도들에 대한 아픔이 있어야 합니다. 교회가 이래야지라는 비판이 아니라 서로의 아픔을 느낄 때, 교회가 교회다워집니다. 우리는 하은꾼이 아니라 하은교회 성도입니다.

자꾸 부르면 눈물 나는 이름, 하은교회

우리 교회 로고의 의미를 아세요? 두 불꽃의 의미가 있습니다. 왼쪽 불꽃Blue은 내가 먼저 은혜를 받자는 의미입니다. 우리 모두는 은혜가 필요한 사람들입니다. 그래서 사모해야 합니다. 사랑하는 하은 가족들, 하늘로부터 쏟아지는 폭포수 같은 은혜를 받으시기를 축복합니다. 오른쪽 불꽃Light green은 받은 은혜를 베풀자는 뜻입니다. 다음부터 교회 로고의 뜻을 물으시면 이렇게 잘 말씀해 주시기 바랍니다. 그리고 그 의미대로 하은교회의 교인이 되었으면 좋겠습니다.

"이는 내 생각이 너희의 생각과 다르며 내 길은 너희의 길과 다름이니라 여호와의 말씀이라 이는 하늘이 땅보다 높음같이 내 길은 너희의 길보다 높으며 내 생각은 너희의 생각보다 높음이니라"(사 55:8~9).

자! 내일부터 특별새벽기도회를 시작합니다. 새벽에 벌떡 일어납시다.

새벽에 벌떡 일어나는 것은 하루에 대한 선제공격이고, 의욕적으로 사는 출발이기도 합니다. 알람 시계를 여러 번 나누어서 일어나는 것은 실패의 확률이 큽니다. 한 번에 벌떡 일어나야 쉽게 일어날 수 있습니다. 새벽기도자가 왜 승리하는 인생이 되는지 아십니까? '새벽에 벌떡'이라는 선제공격 때문입니다. 새벽에 벌떡 일어나면 마귀가 깜짝 놀랍니다. 마귀를 두렵게 하는 성도가 됩시다. 새벽기도로 얻은 성전입니다. 새벽기도로 지켜 가야 합니다. 이번 주 벌떡 일어나 깜짝 놀라게 하는 성도가 됩시다.

장로, 안수집사, 권사 취임식

이슬 같은 은혜

　이스라엘은 1년에 비가 며칠 내리지 않습니다. 그럼에도 그렇게 풍요로운 과일이 맺힐 수 있고 동물과 식물들이 살아갈 수 있는 축복의 땅이 될 수 있는 것은 바로 이슬 때문입니다. 1년에 무려 260일 동안 이슬이 내리는 땅입니다. 비 없이 이슬만으로도 축복의 땅이 되는 비결이 이것입니다.

　이 칼럼을 쓰는 지금 이 시각, 밖에는 엄청난 비가 쏟아져 내리고 있습니다. 그러나 이 비는 이곳에는 내리지만 다른 곳에는 내리지 않습니다. 그러나 이슬은 그렇지 않습니다. 비는 먹구름이 머무는 곳에 내리지만 이슬은 모든 곳에 다 내립니다.

　한쪽에만 쏟아지는 소나기는 부작용을 일으킵니다. 폭우, 폭풍 이런 것들은 늘 부작용이 있습니다. 그러나 이슬은 그렇지 않습니다. 이슬 때문에 피해를 입었다는 소식 들어 보신 적 있으세요?

　열왕기하 4장의 말씀처럼 독이 가득한 세상에서 내 신앙이 마비되지 않고 살아갈 수 있는 것은 바로 이슬 같은 은혜 때문입니다. 하나님의 은혜는 계속 임하고, 모두에게 임하며, 변함없이 임하고, 조용히 임하고, 그리고 영원히 임하는 것입니다. 은혜는 그치는 법이 없습니다. 우리 하은교회가 이 이슬과 같은 은혜를 맛보고 전하는 교회였으면 좋겠습니다. 우리 교회는 특별한 것은 없지만 이슬과 같이 항상 변함없는 감사로 우리의 잔이 넘쳐 기쁨으로 살아갔으면 좋겠습니다.

제가 학생이었을 때 마징가제트 다음으로 부를 수 있는 노래였습니다. "어두운 밤에 캄캄한 밤에 새벽을 찾아 떠난다~ 종이 울리고 닭이 울어도 내 눈에는 오직 밤이었소. 우리가 처음 만난 그때는 차가운 새벽이었소. 주님 눈 속에 여명 있음을 나는 느낄 수가 있었소. 오 주여, 주님께 감사하리라 실로암 내게 주심을. 나 이제 영원한 이 꿈속에서 깨이지 않게 하소서."

우리 사랑하는 하은교회 성도님들! 주님 품 속에 여명이 있습니다. 주님만이 실로암을 주실 수 있습니다. 그곳에서 눈을 뜨는 신앙인이 되시기를 바랍니다. 곧 날이 밝습니다. 태풍 같은 은혜 바라지 맙시다. 한동안 폭포수 같은 은혜를 위해 기도했는데 저도 바꾸렵니다. 이슬 같은 은혜, 그 은혜로 족합니다. 창세기 27장 28절에 하나님께서 야곱에게 하신 약속입니다.

"하나님은 하늘의 이슬과 땅의 기름짐이며 풍성한 곡식과 포도주를 네게 주시기를 원하노라"(창 27:28).

가치 혁신 Value Innovation

기술 혁신, 경영 혁신이란 말이 있습니다. 기업은 고객이 추구하는 가치가 무엇인지 파악하여 그 가치를 창출해내기 위해 필요한 모든 것을 혁신해야 한다는 것입니다.

한때 전 세계적으로 극장이 사양길을 걷던 때가 있었습니다. 벨기에의 한 극장주가 유독 30대의 사람들이 극장 출입을 하지 않는다는 것을 알게 되었습니다. 그래서 30대 이후의 사람들이 극장과 관련하여 추구하는 가치가 무엇인지를 알아내 당시로서는 혁신적인 방법을 일으켰습니다. 그것은 극장에서 아이를 맡아 주는 놀이터를 만들고, 도시에서 벗어나 변두리에 극장을 지어 주차장을 완비하고, 극장 안에 여러 개의 작은 상영관을 만들어 관객이 영화를 선택하여 볼 수 있게 하고, 스낵 코너와 게임기까지 설치하여 종합 오락장이 되게 한 것입니다. 사람들 호응은 두말할 나위도 없었습니다. 바로 이것이 지금 멀티플랙스가 된 것입니다.

그렇다면 하나님께서 우리에게 요구하시는 가치는 무엇일까요? 우리는 그 가치를 위해 중단 없는 자기 혁신을 꾀하는 성도가 되어야 하겠습니다. 그 가치 혁신Value Innovation이 없이는 참된 크리스천이 될 수 없기 때문입니다.

누가복음 10장에 한 율법사가 예수님께 나아와 이렇게 묻습니다. "선생님, 내가 무엇을 해야 영생을 얻겠습니까?" 답을 얻기 위한 질문이 아니라 주님을 올무에 빠뜨리기 위함이었습니다. 이런 사악함을 모르실 리 없는 주님은 반문하십니다. "율법에 무엇이라고 기록되어 있느냐?" 율법사는 신명기 6장 5절, 레위기 19장 18절을 토씨 하나 빠짐없이 외웁니다. "네 마음을 다하고 목숨을 다하고 힘을 다하며 뜻을 다하여 주 너의 하나님을 사랑하라 또한 네 이웃을 네 자신같이 사랑하라 하였나이다." 그러자 주님이 말씀하십니다. "네 대답이 옳도다. 너도 그대로 행하라. 그러면 살 것이다."

인간의 마음은 밤과 낮이 다릅니다. 밤에는 반드시 하리라 했던 것을 날이 샘과 동시에 포기해 버리기 일쑤입니다. 믿음이란 '앎'이 아니라 '삶'이 중요한 것입니다. 우리가 아무리 말씀에 통달하였다 할지라도 그 말씀을 행하지 아니하면 하나님을 진정으로 믿는 자일 수 없습니다.

우리 믿는 이들이 추구해야 할 최고의 가치 혁신은 재론의 여지없이 말씀대로 사는 삶입니다. 그런데 이것이 혁신이 아니라 우리의 평범한 삶이 되었으면 좋겠습니다. 그것이 혁신의 열매이기 때문입니다. 그것이 아니고는 크리스천의 참된 증거가 달리 있을 수 없기 때문입니다.

가끔은 수동면도기를 사용해 보라

일주일에 2-3일은 꼭 수동면도기를 사용합니다. 면도의 방법 변화로 인하여 제 삶에 쏠쏠한 재미가 있기 때문입니다. 오늘은 여러분과 그 재미를 나누고자 합니다. 왜 고 목사는 면도기를 바꿔 사용하는가?

첫째, 느리게 사는 미학

저는 가끔 너무 바쁜 뉴욕 생활에 숨이 막힐 때가 있습니다. 예수님은 갈릴리에서 유대로, 이 마을에서 저 마을로 복음을 증거하러 가실 때, 제자들과 많은 대화와 묵상을 하시면서 사역을 하셨을 것입니다. 하루의 삶 동안에 얼마만큼 묵상의 시간을 가지시나요?

전기면도기는 매우 빠르게 면도가 됩니다. 새벽, 급할 때에는 20초면 충분합니다. 그러나 면도날은 그렇지 않습니다. 먼저 얼굴에 크림을 바릅니다. 그리고 5분 정도 얼굴을 바라봅니다. 그런 다음 추수하듯이 조금씩 조금씩 잘라나갑니다. 묘한 성취감과 쾌감이 있습니다. 요즘 기도

제목이 수염 자라듯 빨리 자라고 있습니다. 수염이 자라야 면도하고, 자꾸 기도할 제목이 있어 쉴 수 없고 게을러질 수 없습니다.

둘째, 칼과 피부의 만남

면도날은 위험합니다. 조금만 조심하지 않으면 피부를 베이게 됩니다. 정확한 각도를 유지해야 합니다. 묘한 긴장이 있습니다. 전기면도기는 아무리 문질러도 베일 염려가 없습니다. 발가락으로 면도해도 잘될 겁니다. 그러나 면도날 면도는 칼과 피부가 만날 때의 짜릿한 긴장이 있습니다. 털만 깎느냐, 피부까지 깎느냐의 긴장이 있습니다.

저는 면도만 하면 사명감에 불타오르게 됩니다. 다시금 의욕이 넘치게 됩니다. 기타 줄도 너무 느슨하면 소리가 안 나고 너무 조이면 끊어지듯이, 면도는 바로 이런 최적의 소리가 나오게 만드는 긴장을 맛보게 합니다. 면도날 면도, 그것은 저에게 다시 힘을 주는 박카스입니다.

셋째, 면도는 일종의 큐티

남자는 면도하면서 큐티를 합니다. 수염을 죄라고 생각합니다. 그리고 말씀의 검으로 하나씩 하나씩 제거해 나갑니다. 그리고 성령의 물 붓듯이 부어 주시는 물로 씻어냅니다. 깨끗함과 시원함은 회개했을 때의 그 시원함과 크게 다르지 않습니다. 면도 이후에 애프터 쉐이빙 로션을 바르면, 그리스도의 향기를 발하는 목사가 된 듯한 느낌을 받습니다. 저는 요즘 면도하면서 기도를 깊게 합니다. 주님의 면도기가 되어서 성도들의 모든 죄를 잘라내고, 씻어내고, 그리스도의 향기를 발하게 해달라고……

네 인생을 주님께 걸라

창세기 11장 마지막 절은 "데라는 나이가 이백오 세가 되어 하란에서 죽었더라"고 기록되어 있습니다. 그리고 이어지는 12장 첫 절에 "너의 고향과 친척과 아버지의 집을 떠나 내가 네게 보여 줄 땅으로 가라"고 말씀하십니다.

먼저, 12장 1절의 "떠나"라는 단어에 우리가 쉽게 빠지는 함정이 있습니다. 떠나라는 것은 꼭 지리적 장소로만 적용되는 것이 아닙니다. 고국을 떠나고 뉴욕을 떠나라는 말씀이 아니라 내 삶, 생각, 그리고 내 몸에 배어 있는 습관과 가치관이 거룩한 곳이 아닌 곳에 빠져 있다면 그곳에서 떠나라는 것입니다. 떠나지 못하고 머물면 11장의 데라처럼 그곳에서 죽게 된다는 경고의 말씀입니다.

아직 떠나지 못한 채 그때의 미움, 억울함, 배신의 늪에서 빠져 나오지 못하고 있습니까? 그러면 우린 죽습니다. 그래서 하나님께서는 우리를 살리시기 위해 그곳에서 떠나고 다른 곳으로 가라고 말씀하신 것입니다.

　빨리 떠나십시오. 그것만이 우리가 살 길입니다. 세상의 가치관에서 빨리 나오십시오. 그것이 해결되면 우리는 갈 수 있습니다. 갈 수 있다는 것은 가야 할 방향을 알 수 있다는 것입니다. 왜 우리가 이민 와서 고생하는지 그 이유를 알 수 있다는 것입니다. 가야 할 방향을 알지 못하고서는 우리가 하는 수고는 헛될 뿐입니다.

　지난 주일, "본능에 충실한 사람인가, 이성에 충실한 사람인가, 아니면 성령에 이끌림을 받는 사람인가?" 서두에 말씀을 나누었습니다. 성령에 속한 사람은 영의 꿈을 꾸는 사람입니다. 나의 꿈을 위해 예수의 이름을 이용하고 예수를 동원시키는 것이 아니라, 나의 온 마음과 온몸을 다해 주님의 영광을 높이기를 원해야 한다는 것입니다. 그러면 어떤 방벽에 부딪히더라도 믿음으로 헤쳐 나갈 수 있습니다. 그리고 먼저 주님께 내어드릴 수 있습니다.

　믿음으로 사는 사람이란 아주 단순한 것입니다. 무식할 정도로 단순하게 주님을 믿고 주님께서 하실 일을 선포하는 것입니다. 주님께서 선포하셨습니다. '떠나라! 그리고 가라!' 악한 말에서 떠나야 합니다. 악한 생각에서 떠나야 합니다. 그리고 우리 인생을 주님께 걸고 달려가야 합니다. 그것이 오늘 내가 살아 있는 이유입니다.

알면서도 빠지는 세 가지 함정

살아 있는 것은 성장이 있습니다. 살아 있는 교회, 살아 있는 성도는 반드시 성장해야만 합니다. 그런데 이런 영적 성장을 가로막는 마귀의 함정이 있습니다. 대개는 함정을 모르니까 빠지는데, 우리는 다 알면서도 자꾸 그 함정에 빠집니다. 오늘 다시금 우리 앞에 놓인 함정을 알아 벗어나길 원합니다.

함정 1. 게으름

하나님은 꿈을 주십니다. 소망을 주십니다. 그 꿈과 소망은 정말 무서운 힘이 되기에 사탄은 소망으로 가는 길에 함정을 파 놓습니다. 그 함정은 게으름입니다. 이 함정에 빠지면 하나님께서 주신 소망이 그만 탁상공론으로 끝나 버리게 됩니다. 꿈을 붙들고 철저한 대가를 치러야 합니다. 희생이 있어야 합니다. 준비 없이 부름 받을 수 없습니다. 성령의 깨달음이 있는 사람은 그 자리에서 철저하게 준비합니다.

함정 2. 형식주의

예수님은 바리새인의 누룩을 조심하라고 하셨습니다. 누룩은 영향력을 의미합니다. 우리는 세상을 변화시켜야 할 사람들입니다. 그런데 오히려 우리가 세상에 의해 변화되고 있습니다. 교회는 세상의 세력을 막아서기 위해 싸움을 벌이는 곳이 아닙니다. 내적인 충만을 추구하는 곳입니다. 수돗물에 구정물이 들어오지 않는 이유는 내부 수압이 강하기 때문입니다. 세속의 힘을 이기는 길은 강한 내적 무장입니다. 외식은 형식주의입니다. 겉만 꾸밉니다. 속에 대한 관심이 없습니다. 본질의 중요성을 알아야 합니다. 찬송과 예배는 결코 형식일 수 없습니다.

함정 3. 물질주의

사두개인은 겉으로는 거룩을 가장했습니다. 그러나 항상 관심은 물질, 돈이었습니다. 예수 믿는 사람은 돈에 의해서 움직이지 않는다는 확신이 있어야 합니다. 그러면 돈으로부터 자유로운 길은 무엇일까요? 십일조입니다. 철저한 십일조를 하는 사람치고 물질의 노예가 되는 경우는 없습니다. 십일조는 절대로 돈의 노예가 되지 않게 합니다. 절대로 돈이 나를 지배하지 못하게 하십시오. 돈을 지배하려면 구제하십시오. 그러면 돈에 매이지 않을 것입니다.

이제 우리는 성장하는 그리스도인입니다.

나그네를 대접하라

"나그네를 대접하며 혹은 성도들의 발을 씻으며 혹은 환난 당한 자를 구제하며 혹은 모든 선한 일을 행한 자라야 할 것이요"(딤전 5:10).

세계에서 부강한 20개국 정상들이 서울에서 모여 회의를 합니다. 우리나라가 이런 회담을 주최하게 될 만큼 성장하게 되었다는 것이 여간 고마운 일이 아닙니다. 2차 세계대전 이후로 새롭게 시작된 신생독립국가가 120여 나라가 되지만, 그중에서 도움을 받던 나라에서 도움을 주는 나라로 바뀐 나라는 우리나라가 유일하다고 합니다.

우리나라가 온갖 어려운 환경과 조건을 극복하고 오늘의 자리에까지 오를 수 있게 된 것은 우리 자신도 미처 모르는 사이에 하나님의 법을 실천하였기 때문이라고 하신 분이 있습니다.

"나그네를 대접하라"는 말씀입니다.

우리는 해방 이후 6·25를 거치는 사이에 수백만에 이르는 북한 피난민들을 받아들여 그들과 함께 지내야만 했습니다. 우리는 우리가 겪은 일이니까 으레 그럴 수 있다고 당연시 하지만, 사실은 이렇게 좁은 땅에서 그렇게 많은 피난민 나그네를 짧은 기간에 받아들여 함께 지낸 경우는 세계사에 드문 일입니다. 이 일이 우리나라가 복을 받아 번영의 길로 들어서게 된 첫 번째 이유라는 것입니다.

출애굽기에 보면 여호와께서 이스라엘 백성들에게 이르시기를, 너희들이 애굽 땅에서 종살이하던 때를 기억하여 너희와 함께 사는 나그네들을 잘 대접하라고 이르셨습니다.

바로 우리가 이곳 뉴욕에서 나그네 생활을 하고 있습니다. 지금 우리는 먼저 온 나그네이고 오고 있는 나그네들이 얼마나 많은지 모릅니다. 그리고 떠도는 나그네들이 얼마나 많은지 모릅니다. 나그네를 돌보는 일이 바로 복 받는 일입니다. 하나님께서 우리 교회에 그 사명을 주셨음을 확신합니다. 지금까지 잘 해왔습니다.

감사의 달입니다. 달리는 말에 더 채찍을 가하면서 나그네들을 돌보는 교회와 가정이 되었으면 좋겠습니다.

먹고 기도하고 공부하며

청바지 입고, 운동화만 신고 일주일을 보냈습니다. 아침 일찍 캠퍼스에서 말씀 한 절을 묵상하고, 커피를 들고 수업에 들어갑니다. 아침 8시부터 저녁 7시까지 이어지는 수업에 에너지가 되는 것은 바로 커피입니다.

이번에 만난 교수님은 영국 노신사입니다. 흰머리이지만 저보다 머리숱이 많고, 깔끔한 감색 정장에 빨간 넥타이가 잘 어울리는 분입니다. 영국 작은 시골에서 태어나 거기서 40년을 공부하면서, 그리고 45년을 이곳 캘리포니아에서 목사들과 신학자들을 길러내신 분입니다. 구약학에서는 세계적으로 손꼽히는 학자이신데, 강의 스타일은 정말 너무하십니다. 한 주간 동안 이분께 제가 배운 것은 에스겔, 예레미야, 그리고 이사야 선지자의 역할을 해석하고 선지자의 외침을 어떻게 설교로 전달할 것인가에 대해서입니다.

교수님은 85세, 저는 41세. 그런데 교수님과 함께하면서 제가 참 때 묻은 사람이구나 하는 것을 느꼈습니다. 평생 성경과 책만을 읽고 쓰시면서 학문을 하신 교수님은 85세가 아닌 8세 소년의 얼굴이었습니다. 처음 만난 학생들에게 거리낌과 두려움 없이 마음을 열어 주시고, 쉼 없이 학생들을 격려하시고, 정말 진실하고 신실하게 학생들을 대하는 그분의 얼굴을 보면, 평생 속상한 적도, 마음 아픈 일도, 화를 내야 할 일도 한 번도 없으셨던 분처럼 보이기에 혹시 저분이 천사가 아닌가 하는 생각이 들기도 합니다. 수업 첫 시간과 끝 시간에 손을 들어 기도하시면서 마음껏 제자들과 그 가족, 그리고 두고 온 교회까지 진심으로 축복하시는 교수님의 기도에 가슴이 뜨거워짐을 느낍니다.

그런데 학생인 저는 교수님의 생의 반도 안 살았으면서, 뭐 그리 험한 일을 많이 당했다고 마음을 닫고 있으며, 왜 내 얼굴에는 천사의 모습이 없는지 고민하고 있습니다.

공부만 한 것이 아니라 제가 치유 받고 있습니다. 공부하러 와서 좋은 안식을 누립니다. 마음의 평안을 회복하고 돌아갑니다. 머리털이 다시 나는 생동감을 느낍니다. 저와 함께하신 여러분을 사랑합니다. 그리고 축복합니다.

천국의 Password = '감사'

어느 날 정원에서 땅을 파고 있는 노인의 모습을 지켜보던 이웃이 물었습니다. "뭐 하세요?" 노인은 밝은 표정으로 대답합니다. "망고 나무를 심고 있지." "열매를 따 드시려고요?" "아니야, 내가 그때까지 살 수야 없지. 하지만 다른 사람들은 살아 있을 거 아닌가! 난 일생 동안 다른 사람이 심어 놓은 망고를 충분히 먹었네. 이제는 내가 그 고마움을 베풀어야지".

시편 103편 2절에는 "내 영혼아 여호와를 송축하며 그의 모든 은택을 잊지 말지어다"라고 합니다. 은혜의 반대는 배은망덕이겠지요? 광야의 이스라엘 백성들은 원망과 불평을 하다가 죽었습니다. 은혜를 아는 것은 축복입니다. 은혜를 아는 사람이 감사하는 사람입니다. 그리고 감사하는 사람이 더 풍성한 삶을 삽니다.

같은 물이라도 젖소가 마시면 우유가 되고, 독사가 마시면 독이 됩니다. 은혜와 원망은 종이 한 장 차이입니다. 모든 일은 하나님의 계획대로 되어 갑니다. 하나님이 우리 앞서 가십니다. 그래서 성경은 "범사에 감사하라"고 합니다. 모든 일에 감사해도 괜찮은 것은 하나님이 알아서 하시기 때문입니다.

진정한 감사는 좋은 것과 나쁜 것, 기쁜 일과 아픈 일, 거룩한 부분과 거룩하지 않은 부분을 가리지 않고 삶 전체를 끌어안는다고 합니다. 골로새서 3장 17절에는 "또 무엇을 하든지 말에나 일에나 다 주 예수의 이름으로 하고 그를 힘입어 하나님 아버지께 감사하라"고 합니다. 하나님 아버지 때문에, 하나님 아버지께, 하나님 아버지를 감사하기를 바랍니다. 하나님이 나의 하나님 되심을 감사합시다. 예수님이 나의 구주 되심을 감사합시다. 감사는 하나님 나라의 Password입니다. 날마다 풍성한 감사로 감사하며, 감사함으로 하나님 나라에 들어가는 하은의 성도들이 되시기를 축복합니다.

우치무라 간조는 "감사하는 마음이 생기지 않는 메마른 마음을 가지게 되는 것은 저주다"라고 했습니다. 정말 그렇습니다. 감사하지 못하는 그 자체가 저주이고, 감사하는 마음이 없는 그 자체가 마귀입니다. 우주를 바라보고, 세상을 보고, 나 자신을 보고도 감사치 않는 사람은 저주 받은 것이나 다름이 없습니다.

성경은 "범사에 감사하라"고 합니다. 범사에 감사하는 것은 상황이 아니라 존재에 대한 감사입니다. 하나님이 내 하나님 되심, 내 부모님, 내 자녀, 내 배우자, 내 친구, 내 이웃 성도, 목사 모두가 그 존재 때문에 우리의 감사 조건입니다. 할렐루야!

추수감사절 Potluck

사랑방은……

신앙생활이 어려운 것은 하나님과의 관계뿐 아니라 사람들과의 관계에도 어긋나지 않아야 하기 때문입니다. 십자가가 주는 교훈은 하나님이 우리를 이만큼 사랑하셨으니요 3:16 우리도 세상을 사랑하자는 것입니다.

우리 교회는 올해 45가정 76명의 성도가 교회에 정착을 하셨습니다. 어린아이들과 학생들, 그리고 청년들까지 합하면 150여 명 정도이고, 그리고 아직 교회에 정착하지 못하신 가정까지 합하면 그 이상입니다. 올해에 이른 비와 늦은 비 그리고 큰비 예배를 나누면서 각각의 예배 특성과 그 자리매김은 되었다는 생각이 듭니다. 그러나 아직까지 교우들과의 관계는 서먹서먹하고 형제애가 부족하다고 판단됩니다.

한 달에 한 번이나마 사랑방을 통하여 성도들의 교제가 이루어졌으면 합니다. 사랑방은 두 가지 기능을 가지고 있습니다. 첫째는 교우들간의 교제와 그 교제의 힘으로 선교지를 후원하는 것입니다. 올해까지는 선교지의 이름을 사랑방 이름으로 정하였습니다. 몇 가지 단점이 발견

되었습니다. 한 사랑방이 한 선교지를 온전히 후원할 수 없다는 것입니다. 그렇다고 같은 이름의 사랑방을 2개 또는 3개를 만들 수는 없습니다. 그래서 사랑방이 부흥하여 분가되면 선교지도 나누어져야 하는 어려움이 생겼습니다. 그래서 숫자는 무한대로 늘어날 수 있기에 숫자를 넣은 것입니다. 그리고 각 사랑방은 선교지를 정하여 후원하고 그 선교지는 중복되어도 무관합니다.

12월 한 달은 사랑방 조절기간으로 사용됩니다. 사랑방을 옮기기를 원하시는 분은 12월 한 달 동안만 가능하고, 1월이 되면 1년을 참으셔야 합니다. 옮기시는 것도 좋지만 1년을 참고 교제하여 보십시오. 미처 알지 못했던 보화 같은 분을 만나시게 될 것입니다. 하나님께서는 밭에 보화를 숨겨 놓으시고 일하는 농부를 통해 발견되게 하셨습니다. 사랑방에 각각의 보화가 있습니다. 농부와 같은 마음으로 성실히 참여하시어 보화를 만나시기를 축복합니다.

사랑방 방지기들께 부탁을 드립니다. 새해 하나님과 사랑방 가족들께 최선만을 드리는 부담되는 한 해가 되시기를 바랍니다. 우리 이민자들은 관계의 폭이 너무나도 좁습니다. 사랑방을 통해 가족 같은 교회가 되기를 기대해 봅니다. 사랑방에 관해서는 서상갑 장로님과 조일구 집사님께서 이끌어 가십니다. 두 분께 상의하시면 정말 잘 도와주실 겁니다. 두 분이 각 사랑방을 순회하면서 살펴주실 것입니다. 2011년 사랑방에 숨겨진 보화를 찾으시는 복된 한 해가 되시기를 축복합니다.

예배를 소홀히 하지 말아야 합니다

신앙생활은 상호연관적입니다. 그래서 한 부분이 약화되면 그것에 머무르는 것이 아니라 전체에 영향을 미치곤 합니다. 우리 하늘 백성들에게서 인생의 모든 출발은 예배입니다. 예배의 약화는 다른 모든 부분의 약화를 낳습니다. 예배가 약화되면 영적으로 약해질 수밖에 없습니다. 영적으로 약해지면 봉사가 힘들어집니다. 봉사가 힘들어지면 도피하려는 의식이 생깁니다. 도피하려는 의식은 자연히 하나님과 교회로부터 멀어지게 합니다. 교회와 하나님으로부터 멀어지면 세속의 유혹과 시험에 넘어지는 것은 시간 문제입니다.

"소년이라도 피곤하며 곤비하며 장정이라도 넘어지며 쓰러지되 오직 여호와를 앙망하는 자는 새 힘을 얻으리니 독수리가 날개 치며 올라감 같을 것이요 달음박질하여도 곤비하지 아니하겠고 걸어가도 피곤하지 아니하리로다"(사 40:30~31).

한 해 동안 봉사하시고 수고하시면서 많이 힘드신 것 압니다. 아무것도 아닌 작은 일이 나를 너무 지치게 할 수 있고, 정말 힘들고 어려운 일인데도 아무것도 아닌 것처럼 여겨질 때가 있습니다. 그것은 우리의 예배에 달려 있습니다.

예배가 약화되고 새벽이 약해지니 줄기가 힘을 잃는 것입니다. 원래 성령의 공급하시는 능력을 체험하는 사람은 독수리처럼 창공을 비상하는 존재입니다.

예배를 회복하십시오. 빠른 시간 내에 회복하는 길은 집중하는 것입니다. 찬송 한 번을 해도 진액을 쏟아서 하고, 기도를 해도 심장이 튀어나오는 강력한 기도를 하십시오. 잠에 굴복하는 모습이 아니라 새벽을 호령하는 십자가의 군병이 되십시오. 다시 우리 앞에 마귀가 굴복하는 영광스런 모습을 보게 될 것이다.

한 주간 워밍업Warming-Up 하셔서 마지막 한 주, 그리고 새해의 한 주를 새벽부터 강화시킵시다.

한 해의 끝자락에서

2010년을 설렘으로 시작하면서 "올해가 우리 교회의 전성기가 됩시다"라는 칼럼을 첫 주일에 드렸습니다. 나라든 개인이든 전성기와 패망기가 있는데, 성경이 주는 교훈은 이것입니다. 진정한 전성기란 '내가 하나님을 위해 헌신하고 있는 때'라는 것이었습니다. 그리고 우리는 뜻을 정하였습니다. 올 한 해 위로하는 자가 되자고 말입니다.

그렇게 마음먹은 한 해가 순식간에 지나갔습니다. 어떠세요? 전성기를 보내셨나요? 위로의 헌신자가 되셨나요? 내가 주는 위로로 기쁨을 얻게 하고 오해가 풀리고 나아가 생명을 살리셨나요? 늘 이맘때가 되면 가슴에 밀려오는 말씀이 있습니다.

"세월을 아끼라 때가 악하니라"(엡 5:16).

내가 쥐고 있는 것이 많아서 전성기가 아니라 하나님 앞에 헌신하고 있는 때가 전성기입니다.

　인생에서 ·피할 수 없는 것이 실패이고 실수입니다. 실패를 경험하지 않은 사람이 없고, 실수하지 않는 사람도 없습니다. 문제는 그 실패를 어떻게 관리하고 반응하느냐가 중요한 것입니다. 넘어지는 순간, 한 번에 무너져 버리는 사람이 있는가 하면, 툭툭 털고 다시 일어나 새롭게 도전하는 사람이 있습니다. 넘어지는 순간이 우리에게는 엄청난 재산을 얻는 순간입니다. 그렇다고 실패가 좋은 것은 아니고, 기억하고 싶지도, 다시 맛보고 싶지도 않은 것이지만, 실패한 사람에게 찾아오시는 주님을 만날 수 있는 기가 막힌 기회입니다.

　실패를 치료하시는 하나님을 만나십시오. 그리고 치유하시는 하나님의 은혜를 경험하십시오. 그렇게 할 때 우리는 또 하나의 전성기를 누리게 될 것입니다. 2010년, 수고 많이 하셨습니다. 참으로 열심히 달리셨습니다. 새해에도 우리 열심히 함께 무릎으로 달려가는 한 해가 되기를 소망합니다. 사랑합니다. 아주 많이요.

고훈 칼럼
치유의 정거장 Ⅰ

1판 1쇄 인쇄 _ 2016년 2월 15일
1판 1쇄 발행 _ 2016년 2월 20일

지은이 _ 고훈
펴낸이 _ 이형규
펴낸곳 _ 쿰란출판사

주소 _ 서울특별시 종로구 이화장길 6
편집부 _ 745-1007, 745-1301~2, 747-1212, 743-1300
영업부 _ 747-1004, FAX 745-8490
본사평생전화번호 _ 0502-756-1004
홈페이지 _ http://www.qumran.co.kr
E-mail _ qrbooks@gmail.com / qrbooks@daum.net
한글인터넷주소 _ 쿰란, 쿰란출판사
등록 _ 제1-670호(1988.2.27)
책임교열 _ 신영미·박은아

ⓒ 고훈 2016 ISBN 978-89-6562-834-7 03230

책값은 뒤표지에 있습니다.
이 출판물은 저작권법에 의해 보호를 받는 저작물이므로 무단 복제할 수 없습니다.
파본(破本)은 구입처에서 교환해 드립니다.